Catcher

一如《麥田捕手》的主角，
我們站在危險的崖邊，
抓住每一個跑向懸崖的孩子。
Catcher，是對孩子的一生守護。

愛·上課

熱血教師
阿倫—著

目錄

6 序曲／教育・偶然遇

Chapter 1 熱血教師

8 自我辨證
12 永不放棄
24 讓學生愛上學習
29 天下第一班

Chapter 2 不放棄任何一位學生

34 臥底
45 你怎麼都可以找到我啊？
60 大隻佬
70 我答應過阿倫不打架
79 三個寶貝蛋
87 未來的香醇葡萄酒
100 他最常收到的禮物是香皂
105 手腕上的祕密
111 果然是一家人
116 失蹤人口
121 被遺忘的孩子
124 活在幻想中
130 改過銷過

Chapter 3 上課好好玩

140 請您不要換導師
148 課堂**high**翻天
153 最愉快的處罰——苦瓜汁
161 不會飛翔的翅膀

165 打地鼠
168 尊師重道
171 國文課好好玩
175 機會教育
180 義肢
183 火星捎來的歉意
188 打招呼
192 如何與孩子溝通？
199 起乩
204 上課好好玩
207 教師卡
211 單細胞生物
214 發紅包
218 達文西密碼
223 一直沒發現的才華
228 大逃殺

Chapter 4 搶救學校大作戰

238 搶救學校大作戰——考生必備
247 搶救學校大作戰——棄保之爭
252 搶救學校大作戰——生涯規劃
256 搶救學校大作戰——符咒封印
259 搶救學校大作戰——孔廟祈福
267 搶救學校大作戰——彈性調整
271 搶救學校大作戰——統整教學
277 搶救學校大作戰——魔力點子
282 搶救學校大作戰——耳提面命
284 後記

序曲

教育．偶然遇

這算是順理成章的偶然吧。

二十一世紀初，痛苦指數未有下降的可能。教育學程開放後，湊巧又遇到經濟不景氣，因此導致師資培育過剩，要當一名教師變得極為困難，偏偏我就選在這個時間點跟著大家湊熱鬧。離開原本熟悉的職場，投入國文教師的工作。

母親大人只說了一句：「這叫做現世報。」

因為，我最痛恨的兩種人，一是警察，二就是教師……

chapter1 熱血教師

自我辯證

究竟什麼人有資格當老師？從小到大都不犯錯？考試永遠一百分？永遠乖乖聽話？

如果以這種標準，我大概只能當工友。

很多家長在看到子女的成績單時會說：「你這是什麼爛分數？想當年，你老爸可是每科都考一百呢！」

很多教師也會對學生說：「想當年，我可是每次都考全班第一名呢！」

還好，沒有學生問過我以前是不是好學生。

學生時代，舉凡說謊、偷竊、抽菸、喝酒、飆車、作弊、打架、蹺課、破壞公物、談戀愛、成績倒數……學生會做的壞事，我一樣也沒少過。

我曾經天天被叫到導師室、訓導處、教官室懲處，我寫悔過書寫到作文能力大增，但很弔詭的，我也曾當選過模範生，而且是高雄師範大學德育獎第一名畢業，目前還在國中任教。

怎樣才能當老師？

究竟什麼人才有資格當老師？

從小到大都不犯錯？

考試永遠一百分？

永遠乖乖聽話？

如果以這種標準，我大概只能當工友。

偏偏，以前老師心中的頑劣學生，現在卻是學生心中的優良老師。為什麼？只因為……或許我反而了解他們。

了解學生比教書重要

從小到大，求學過程一直很順利的老師，可能很像單細胞草履蟲，例如他們認為考試作弊的學生一定是不長進，但對於我來說，這反而是長進的跡象。**如果不長進，學生根本會交白卷**。**會作弊，表示還是希望成績變好，只是行為錯了**。因此要幫助學生找出他的問題所在，或許是不夠用功，或許是讀書方法不對，或許是抓不到重點，但至少他不是完全放棄讀書這件事。

我覺得一個不曾作弊的人，怎麼可能了解作弊的心態？如果不了解，又如何去輔導他們？感覺上，這好像把錯誤的行為合理化了，但重點不是要人去做壞事，而是**年輕人應該有犯錯的權利，而如何從錯誤中得到教訓及經驗，才是身為教育者應該教導的目標**。

教育是「零拒絕」

身為導師的我，擁有這種奇怪的思想，班上自然也產生一些奇妙的化學變化。例如：班上的幹部完全採用自願的方式，我先說明幹部應該做的事情，再說明該幹部應具備的人格特質，最後賦予該職位絕對權利，於是，我們班的幹部跟其他班級有著天壤之別。

一般幹部都是由品學兼優的學生出任，我們班產生的都是功課墊底又常被記過的同學。

但，這些學生也有學習的權利。

其實會作亂的學生，有時反而是聰明的學生，只不過可能無心於課業。我一直認為**教育應該是「零拒絕」**，每一個學生都擁有學習的權利，更何況有問題的孩子，其實往往比功課好的孩子更需要教育。

如果有耐心、有方法的引導這些愛搗蛋的孩子，也許他們日後的成就並不輸當初成績好的學生呢。

永不放棄

當我大叫：「不是說你們都睡昏了嗎？怎麼全部精神亢奮的一直拚命問問題。這樣我課會上不完。」

「你很機車耶。上課這樣認真也不行。」學生笑著抗議。

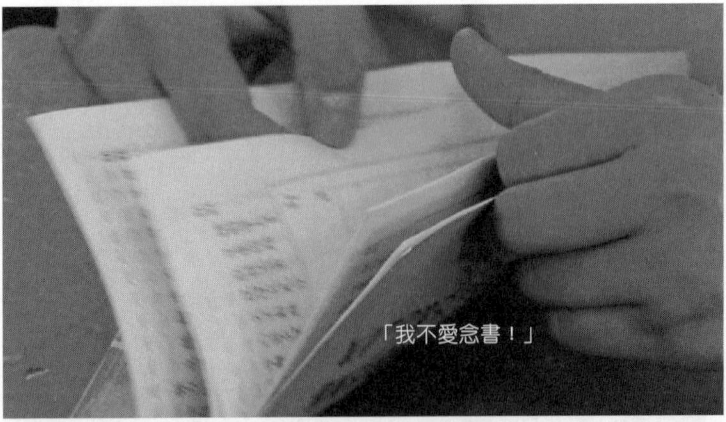

喔！

喔！

喔！

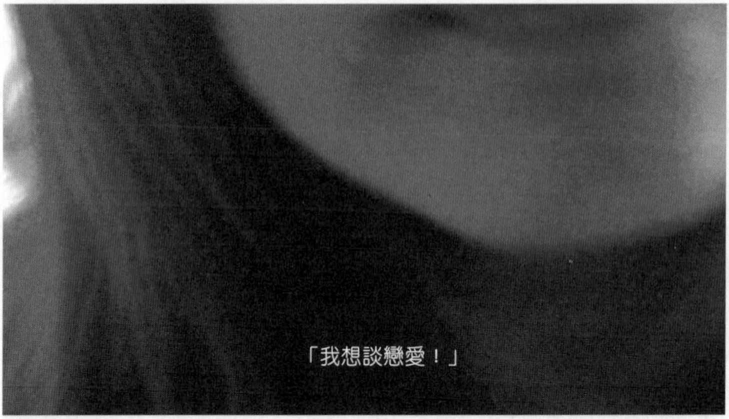

喔！

喔！

喔！

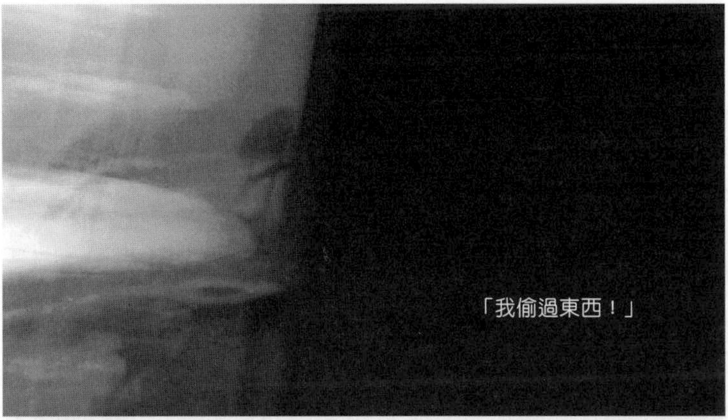

喔！

不行！

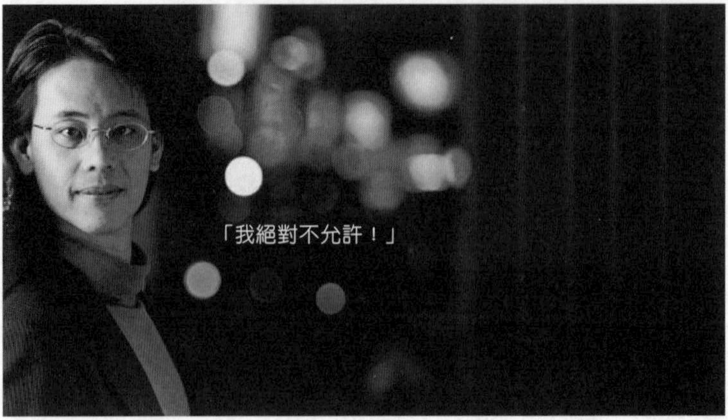

看了《夜巡教師》後大受感動，我特地做了一系列的照片來向作者水谷修教師致敬。

我上課有很不好的習慣，就是會花許多時間在課本之外。

在我的認知裡面，**學習的態度比唸書的多寡重要；求知的精神比分數的高低重要；了解錯誤比考試的次數重要；自己要什麼比他人的期待重要**，因此常常會浪費掉許許多多的講課時間。

也因為如此，我可以容許很多的事情，譬如上課吃東西、換位子、出去洗臉……但**我絕對無法容忍一件事，就是放棄**。所謂的放棄包含了睡覺、聊天、發呆，以及試卷空白。

為了讓學生不輕言放棄，我想出奇奇怪怪的獎勵與處罰方式，包括考卷全部訂正完就加分（完全不訂正便扣分）、找到試卷的問題就送分（空白不寫的不送分），甚至查到相關知識就記優點等方式。

總之，**我的要求便是凡事都去試**，當做過後持續失敗才可以說做不到，在完全沒嘗試前是不允許說放棄的。或許就是這樣才讓學生很頭大吧。

只要是學生主動想去嘗試的事，我絕對不會說「不」。就算是做錯了或是失敗，我都不會加以責備或失望，但如果學生只是「想」去做，卻完全沒有積極的行動，不但不會得到任何的協助，反而還可能因此而被臭罵一頓。

畢竟對一件事情有興趣是件容易的事，但能不能持之以恆的堅持才是成功的關鍵。

雖然是老調重彈，但許多學生一直以來都只是扮演著「被動的接受者」角色，因為現在有些父母實在太寵小孩，所以許多學校都面臨學生上課睡覺、作業不交、考卷不寫，而且學生動不動就說：「我做不到。」

但，是真的做不到，還是懶得去做？

面對自己放棄自己的狀況，教師想救有時都很無力，但我偏偏不低頭。

於是出現許多奇特的狀況。

狀況一：

下午第一堂課是許多教師的惡夢，畢竟看著一半以上的學生陷入重度昏迷，教師再熱血也沒勁，因此有教師跟我商量換時段，就這樣我的課換成了下午第一節。

但幾節課上下來，我也受不了的大叫：「不是說你們都睡昏了嗎？怎麼全部精神亢奮的一直拚命問問題。這樣我課會上不完。」

「沒辦法啊，你又不讓我們睡覺，只好乖乖起來上課啊。」一個學生帶頭說。

「你很機車耶。上課這樣認真也不行。」學生笑著抗議。

「就是嘛，我們是給你面子耶。」其他學生也附和。

狀況二：

「接下來的答案是……」

「老師叫我，我要回答。」一堆學生很興奮的毛遂自薦。

「好吧。你來回答。」

「……（答錯）」

「……（答錯）」

「……（還是答錯）……」

「哪有人一直錯還要回答的？」

「你不是說要勇於練習嗎？嘗試錯誤也是一種學習啊！」

「就是嘛，一直答錯還敢回答，我幫你啦！」一直舉手的同學跳出來解圍。

「……（答錯）

「……（答錯）」

「……（也是答錯）……」

我想，他們學得最好的應該是厚臉皮！

狀況三：

「某某某！你在發呆嗎？」

「沒有啊！」

「是喔！那我問你：A的選項為什麼錯？」

「因為……」（旁邊的同學很好心的告訴了他答案。）

「那B的選項為什麼錯？」

「因為……」（旁邊的同學很好心的告訴了他答案。）

「那C的選項為什麼錯？」

「因為……」（旁邊的同學很好心的告訴了他答案。）

「那D的選項為什麼錯？」

「因為……因為……」（旁邊的同學不說話了。）

「因為你在發呆。因為根本沒有錯。因為答案就是D。不然再給你一次機會。第四十七題的答案是什麼？」

「C！」

「你皮給我繃緊一點。根本就沒有四十七題。」

狀況四：

「我們來背〈赤壁懷古〉好不好？」

「不要啦！」

「不要喔！那加背〈前赤壁賦〉好不好？」

「不要啦！」

「不要喔！那再加〈後赤壁賦〉好不好？」

「不要啦！」

「厚！這也不要，那也不要，那我們不要背〈前、後赤壁賦〉，就只背〈赤壁懷古〉好了。」

「耶！萬歲！阿倫最帥了！」

狀況五：

在一陣激勵士氣的題外話之後，我問學生：「這樣你們有沒有被激勵到？有沒有想發憤圖強？」

「有！」震耳欲聾的回答讓我十分滿意。

「要不然我們全部都去買一條日本那種必死的頭帶綁著。如果沒考上心目中的學校就去切腹好不好？」

「可是基測是考兩次耶！」

「是喔！不然第一次沒考好就先切一半，如果第二次考好了就送你們去縫合。如果還是沒考好，就把剩下的那一半切完。怎樣？」

「@#$%^&*！」

讓學生愛上學習

學生留言：厚！有夠無聊=o=！我還是比較喜歡上課！上課比較好玩！

宇宙無敵帥老師回覆：讓學生喜歡上課，是本人努力的目標。

在我第一年教書時，一位資深老師語重心長對我說：「你算是很令人頭痛的人物。學校大部分的老師都認為，你的能力很強，也很有才華，但完全不會教書。」

換句話說，許多人對我的教學能力打了一個很大的問號，而這些教師判斷的依據是取決於班級成績。

我在乎學生是否學得快樂、是否學到知識

其他老師對於我不專注課業成績，**只在乎學生是否學得快樂、是否學到知識，**有點不以為然，但另一方面，對於我上課時，**從來沒有學生會睡覺，且爭相發言**也感到佩服。她們不斷告誡我要注意班級的分數，但也希望我不會因為她們的建議而放棄對於教學的熱情。

這位資深老師繼續說：「你也懂得勝者為王，敗者為寇的道理吧。或許你的做法與態度都沒錯，可是你忽略了所謂的事實，那就是所有人都是以分數來評斷一個教師的好壞。沒有人會在乎起點及過程，他們只在意結果。

或許家長都支持你，很多教師也佩服你，但是分數一出來，你又會被批評得體無完膚。如果你希望大家支持你，首先，你必須改變一些做法，就是必須體認到分數這個現實的東西。在分數的高牆下，所有的熱情、理想都顯得渺小。若你無法跨越這堵高牆，你所擁有的一切都將消失。」

聽到這裡，我突然發現一個很嚴重的事實：學生不喜歡填鴨式的教育，卻還是

在意分數；家長反對能力分班，仍然會看成績單；教育單位鼓吹教育改革，每年卻在意升學率是否提高……

國文課好好玩

我對抗的不是某些特定的團體，而是整個社會認知。

如果要自創一套新的遊戲規則，就必須先加入他們的遊戲，在他們的規則下用自己的方式獲得高分，才能取得對方的認同，再一步一步把他們拐到自己的遊戲裡。

或許是我太一廂情願，**不喜歡學生死背注釋，希望利用發表意見的方式來闡述**，但考試時跟課本不一樣的還是錯；**我不喜歡比較成語的異同，反而講一些典故來源**，但這些測驗永遠不考；**我不喜歡分析課本上的句子，而聊一些課文所要傳達的意義**，但這些對分數一點幫助也沒有。

原來分數才是教學上的王道，**我太專注於讓學生喜愛讀書這件事上面了**。但難道沒有人記得，學校「SCHOOL」這個英文，原來是從希臘文裡「SCHOLE閒暇」演變而來的嗎？

既然大家都認為上課就是要講考試會考的東西才有意義，而那些對生活或對價值觀有意義的內容，只要考試不會考的就都沒必要，如果這就是遊戲規則，其實也與我的教學不相衝突。我只要把如何讓知識變得很有趣，改成如何讓會考的東西變得很有趣就好了。

我希望有一天，能讓你們改玩我的遊戲。

p.s. 今天在網站上看到學生的留言，讓我重拾不少信心。

123　留言日期：　94/6/19 17:52:21　回應

留言主題：快無聊死**ㄌ**

留言內容：厚！有夠無聊=O=！我還是比較喜歡上課！上課比較好玩！在家無聊死ㄌ！

宇宙無敵帥老師　回應日期：94/6/19 23:09:27

回覆內容：讓學生喜歡上課，是本人努力的目標。

123　回應日期：94/6/24 10:03:39

回應內容：你達到你ㄉ目標ㄌ！

宇宙無敵帥老師　回應日期：94/6/25 00:33:57

回應內容：哇哈哈哈！我會繼續努力的。

天下第一班

遇到不肯溝通的家長，我曾經把一個家族從頭到尾翻了一遍；
遇到躲債失聯的家長，我也會用盡力氣把他找到。

我剛教書時，擔任一群新生的導師，而這個班級被學校教師戲稱為「天下第一班」。

雖然是教育局常態編班下的產物，但感覺卻很像藤澤亨畫的《麻辣教師GTO》。學生只要不高興，就往講台上的教師扔東西，甚至有應該幫忙代導三天的教師，第一天結束後就被這群學生嚇到請假。

看過漫畫的人應該不難想像，如果漫畫的狀況出現在現實生活中，用「恐怖」

兩字都不足以形容，而這些狀況如果不設法克服，這個班級根本無法經營。

當其他班級已經在上課時，我卻還在調整這群孩子的品行。

我堅守「賞善罰惡」的基本原則，但班規也只有「不許罵髒話」及「不准打架」兩項而已。

對於學生不當的行為，依照學生的講法是「阿倫翻臉跟翻書一樣」；當然學生表現好，我也會敲鑼打鼓大肆宣揚一番。不過**與其一味防堵學生的偏差行為，倒不如細心觀察他們些微的改變，一個小小的稱讚往往能激發人性向上的一面**。

家長不能缺席

為了扭轉這些學生的行為，**我與家長保持密切的聯繫，畢竟教育不只是教師一人的事情，也需要家長的積極配合**。

遇到不肯溝通的家長，我曾經把一個家族從頭到尾翻了一遍；遇到躲債失聯的家長，我在用盡力氣把他找到後，撂下狠話：「我不管你是不是正在跑路，孩子既然是你生的，你就有教育他的義務。如果下次再讓我無法跟你聯絡，我就把你藏匿的地點告訴債主！」

其實這非常花精力，我每天大概加班到晚上十一點，就算回到家，也只剩半條命，甚至因為每天都要跟家長溝通，手機業者還自動將我升級為VIP級大客戶，每個月的帳單還可以因此減價。

跟「天下第一班」相處了一年，我漸漸被人稱為GTO。

無論如何，這個班級漸漸形成一種很特別的氣氛，一種凝聚力十分強大的向心力。

教育奇蹟

一年後的暑假，我很放心的帶全班到墾丁玩三天的水，還有家長特地請三天假來義務幫忙；一整個暑假，全班學生都願意犧牲假期到學校練習「魔力點子」（註：九十六學年度高雄區高級中等學校多元入學考生特別條件加分採計範圍，因此，強力鼓勵各級學校務必報名參加），甚至全校老師爭相到「天下第一班」來上課……

或許是學生的改變太大，大到學校因此把我調到訓育組，希望我能讓學校有不同的氣象。

二〇〇七年七月，「天下第一班」學生從導師手中接過畢業證書，他們沒有一個無法畢業，甚至在中輟率越來越高的情形下，「天下第一班」的學生都選擇繼續升學。

三年的相處，**我從這班的成長中看見了希望，也體認到教育是會產生奇蹟的。**

原來，所謂的「天下第一班」並非是負面的貶抑，而是超越群倫的褒獎。

今後，希望這班的學生都能不負稱號，不管在哪個角落，都能真正做到「天下第一」。

chapter2

不放棄任何一位學生

臥底

當我接任訓育組長時，我常聽到：「阿倫！有學生翻牆跑出校外了。你可不可以去追一下？」

我馬上放下手邊工作，騎著警衛的腳踏車去逮人。

突然之間，學生不再稱我為阿倫老師，而是畢恭畢敬的叫我一聲大哥，熟一點的甚至叫我黑道教師，連拿畢業冊來找我簽名時，都要求我在上面加簽一個「黑」字。

這一切都要從我剛踏入校園開始說起。

流言

印象中，男老師總是西裝褲紮襯衫，但我除了結婚那天這樣穿，這輩子再也沒出現過這種打扮。而T恤、板褲、靴子、綁馬尾、九個耳洞、騎打檔車，就是我平常的裝扮。

有一天，校外幫派人士進入校園警告學生。學生們看看那些不良分子，突然發現他們的穿著打扮簡直和某個人一模一樣。

他們恍然大悟，原來我是黑道分子，而且還是很狠的那種，不然怎麼會天天到校園尋仇？

古惑仔

有一天，一個女學生請教我問題，突然之間，她大聲尖叫：「老師，你有穿耳洞耶。」這高分貝的聲音馬上吸引了不少好奇的目光。

沒幾天，我任教的學生竟然要求我脫掉上衣。他們想看看我的身上到底有沒有刺青。

原來，我穿耳洞的事在校園傳開，而且傳到最後，已經變成我全身都有刺青。

這時，我心裡只有一個念頭：我真是被陳浩南的古惑仔電影給害慘了。

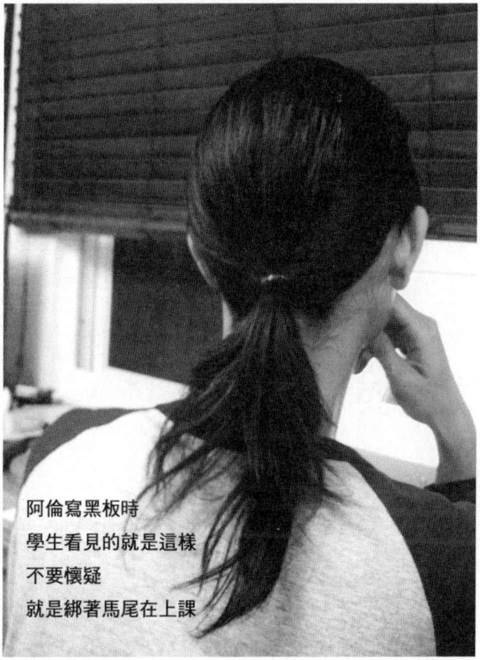

阿倫寫黑板時
學生看見的就是這樣
不要懷疑
就是綁著馬尾在上課

衝突

掃地時間，我一向會去檢查班級負責的公共區域，結果發現班上的小尋正被體育班的學生欺負。

小尋因為有多重情緒障礙，加上他矮矮胖胖的身材，很容易被當作嘲笑的目標。

帶頭的黑洞正在不斷的嘲笑著小尋，並不時出手推他。

「你們幾個不應該這樣欺負人，跟他道歉一下，然後快去做掃地工作。」我本來以為他們會做個鬼臉，再丟下一句對不起就跑了。

沒想到，他們完全不把我的話當一回事，還繼續嘲笑小尋。

「喂，你們把我當空氣啊？不要太囂張喔！」

看到我憤怒的模樣。除了黑洞外，其他人開始顯得不安。

一陣靜默，黑洞卻突然開口：「你很囉唆耶。就算你是老師，又有什麼了不起啊？少在那邊裝模作樣，你又不敢拿我怎麼樣！」

我身上某個不該被碰觸的開關被啟動了。有一瞬間，我甚至忘記自己現在的身分是老師。

「你給我道歉！」一個字一個字很用力的由我齒縫中竄出。

「你不是老師嗎？你想揍學生啊？」突然間有人驚慌了起來。

「你可以試試啊！」我越來越靠近他們。

「你到底想怎樣！」黑洞扭曲的臉孔在一瞬間突然洩氣了。

「你道歉，不然就跟我去學務處。」大概是黑洞之前的氣焰太囂張，一時之間他找不到台階下，不過如果他就這樣乖乖道歉，他以後怎麼當老大。

但奇怪的是，過沒多久，黑洞不發一語的跟著我往學務處前進……

其實與黑洞發生衝突後，我一直擔心自己的愛車會倒大楣，但不知道是不是黑洞有意避開我，他在突然之間好像人間蒸發了。

有一天放學，我看到頭上包著紗布的黑洞突然從車棚竄出來。他恭恭敬敬的向我鞠了一個躬，還說聲：「老師好！」

太奇怪了，我納悶了許久都不知道為什麼。

後來我才知道，原來黑洞當天被人圍堵，還被打得頭破血流送進醫院。

我心裡想，該不會……該不會……他以為是我唆使的吧。

無法收拾的傳聞

但我是黑道分子的傳言到底傳到哪裡了，又演化成多少版本？

有一次，一個資優生拿著課本在走廊上問我問題。當我說明到一半時，我突然聽到有人說：「西類郎死煞郎？（台語：那人是什麼人？）」

「噓！卡細聲一點，西類郎死老蘇呢。（小聲一點，那人是老師呢。）」

「嚇！西款ㄟ麻也塞作老蘇喔？（什麼！那樣子也可以當老師喔？）」

「各哩卡細聲一點，賣猴伊聽點，盯倒伍幾類尬伊嗆瞎，伊抓兩拜孤ㄟ郎帕西類同學。（叫你小聲一點，不要被他聽到，上次有一個人跟他嗆聲，他帶了兩百多人去打那個學生。）」

我忍著臉部快抽筋的表情往聲音來源望去，發現一群學生正蹲在走廊上討論著。當我回答完資優生問題，準備回導師室，經過這群學生身邊時，他們彷彿是說好了一般，所有學生都站了起來，如同摩西分紅海似的讓出一條通道讓我過去。

在這種詭異的氛圍下，我只有硬著頭皮往前走。

走到一半，學生還異口同聲的說：「大哥，慢走！」

幾天後，校長與教務主任聽說了這個傳聞而約見我。

他們問我是否介意被傳成這樣。

「其實我沒多大的感覺，反而覺得在處理問題學生時還滿方便的。」

「那就請好好保持啊。不要被拆穿了。」校長與教務主任竟然笑咪咪的拍著我的肩膀。

故事仍在繼續中

學生常常在放學後到一間遊藝場及網咖聚集，我為了了解學生到底在那邊做什麼而開始巡視網咖，結果我發現許多熟悉的面孔。

「玩完後就早點回家啊！不要說我沒事先警告你們喔！」跟學生們說完後，我就離開了。

隔天，有學生戒慎恐懼的跑來找我：「你到底是誰啊！除了混黑道之外，竟然還可以派一堆警察來趕我們回家。」

原來，我前腳才踏出網咖，警察便荷槍實彈的過去臨檢，這完全讓學生想起我臨走前的警告。

後來，當我接下訓育組長時，我常常聽到：「阿倫啊！有學生翻牆跑出校外了，你可不可以去追一下？」

我馬上放下手邊的工作，騎著警衛的腳踏車去逮人。

果真就在路上發現幾個學生大搖大擺的閒晃。我向學生招了招手後，便準備帶到學務處交給明燈生教。

路上卻聽到國一的小朋友正在請教學長……

「為什麼你們看到其他老師都跑給他們追，但看到阿倫老師，卻乖乖的跟著回來？」

「因為其他老師又不見得認識我們。阿倫卻認識我們。」國三學長分析。

「有些老師也認識你們啊。你們還不是跑給他追。」

「因為我們又跑不過阿倫。而且，如果我們乖乖的回來，通常處罰不會很重，但是只要跑給他追，就一定會按校規處分。啊！你是不知道坦白從寬喔。」國三學長講起道理。

「你們為什麼都不敢嗆他和生教啊？你們就敢嗆其他老師。」國一小朋友提了一個讓國三生沒有面子的疑惑。

「你搞不清楚喔！生教是少年隊派來學校的耶！而阿倫是黑道幫派派過來的，

你要是找死就去嗆他們兩個！」國三學長不太高興了。

牽著腳踏車走在前面的我，幾乎忍不住要笑了出來。

這群學生是無間道電影看太多了嗎？好像我與明燈生教是學校的臥底一樣。

看來，短時間內，我是很難脫離幫派了……

你怎麼都可以找到我啊？

小尋突然跑到體育班裡面，指著全班同學大喊：「你們這些又矮又胖的傢伙！」話才剛說完，體育班的學生就對他棍棒齊飛了。

「阿倫老師，小尋又不見了！」每天上課時間，都有氣喘吁吁的同學或老師跑到辦公室找我。

小尋是個很特別的學生，從接到這個班級的第一天，我就發現了。

點名簿上明明有三十六個名字，但就是缺少一位同學。

四十分鐘過去了，終於有一個微胖的身影悄悄閃入教室。

「怎麼啦？你剛剛去哪裡了？」我看著一臉無所謂的小尋。

完全不知道已經上課二十分鐘的人

小尋的表情彷彿不知道我在問他似的。

在我大約問了四、五次之後，小尋旁邊的同學終於忍不住提醒他：「老師在問你話呢！」

小尋對於同學的提醒充耳不聞。

我離開講台，來到他面前，我溫和的再他問一次。

小尋卻只是緊抓住褲子，低著頭，一句話也不說。

之後的每一堂課，校園內都會出現一個狂奔的身影。

沒錯，那是我。

我必須跑遍整個校園，才可能在任何一個地方發現小尋。

因為小尋完全沒有固定出現的地方，我也只能採用愚蠢的地毯式方法搜尋。

漸漸的，我發現我體能越來越好。

我可以在短短十五分鐘內，跑完一到三棟、每棟四層樓的建築，還外加操場及體育館……

把小尋找出來不是難事，如何與他溝通才是讓人最困擾的地方。

我用盡所有方法，從聯絡家長、通知輔導室、詢問心理醫生，甚至去小尋以前讀的國小調資料。

在我能找到的資料上，有些寫著小尋有自閉症、有些寫著過動，甚至有寫小尋有暴力傾向，以及情緒障礙的。

這些診斷都不是來自醫生，都是國小老師填寫的。至於家長則是完完全全的不配合。

我在一無所知的情況下，每天持續在校園裡奔跑著。

我的行為，讓我想起一個笑話：

有一位在精神病院工作的醫生，他發現每天都有一位老先生拿著黑雨傘，穿著黑衣服，蹲在精神病院門口。

醫生覺得很疑惑。於是，有一天，醫生也學老先生拿著黑雨傘，穿著黑衣服，蹲在精神病院門口。

連續過了三天，那位老先生終於開口了。

他問醫生：「請問一下，你也是香菇嗎？」

每一次，當我找到小尋，我都靜靜的蹲在他身邊。

一開始，小尋會挪了挪身子，離我遠一點。

我就又會移動腳步，挨著他。

有一次，小尋抬起頭對我說：「你怎麼都可以找到我啊！」我驚訝、感動得說不出話來。

沒想到，小尋又對我說第二句話：「我要回教室去了！」

後來，我發現要如何與小尋溝通了。

首先，音量要夠大，其次必須兩手抓著他的肩膀，望著他的眼睛，小尋才會發現你在跟他說話。

「阿倫老師不好了！體育班的在追殺小尋。」

多虧平常的訓練，我火速來到體育班門口，這時體育老師已經在處理了。

小尋在國小被欺負已經是很平常的事了。

尋爸是位職業軍人，他的教育就是：如果其他人欺負你，而你無法忍耐時，就狠狠的還擊。因此我常常會在小尋身上找到小刀、圓規、三角板等尖銳的物品。

其實我最擔心的不是小尋被欺負，而是如果小尋反擊……

這次的衝突是，小尋突然跑到體育班裡面，指著全班同學大喊：「你們這些又矮又胖的傢伙。」話才剛說完，體育班的學生就對他棍棒齊飛了。

我望著又矮又胖的小尋，實在不知道該對他說什麼。

我想，小尋很會重複他曾經聽到的內容，而他這次對體育班的叫囂，極可能是他重複之前聽到的話。

「黑道老師，他來罵我們，還害我們被教練修理。不要說我們不給你面子，但我們一定要爭回這口氣。」我望著這些氣憤的同學，腦海裡正想著要如何解決眼前的難題。

後來，我帶著小尋，把體育班徹徹底底的打掃了一遍。

但與其說是我們一起打掃，倒不如說是我在打掃，而小尋在監工。

雖然如此，我們還是無法平息體育班的眾怒。

最後，小尋在黑板密密麻麻的寫下歪歪斜斜的「對不起」三個字，體育班才接受「我」的道歉。

我們走出體育班，小尋卻像什麼事都沒發生過一樣，慢慢的晃回教室。

「這傢伙，到底有沒有搞懂我之前對他說的話啊。」我嘴裡一邊喃喃的唸著，一邊目送著小尋那矮矮胖胖的身影。

小尋的狀況很多，最嚴重的是，他不知道要回教室，這威脅到小尋的操行成績。我總是四處去找小尋，但漸漸的，同學開始產生不滿。

「為什麼每次都要去找他？」

「為什麼他作業都不交？」這種不滿漸漸越演越烈。

「不是所有人都要公平嗎？」

話是這樣說沒錯，因為我們班的規定連我自己都必須遵守。

為了讓同學諒解，我對學生仔細說明小尋的情緒障礙問題，**我也表達希望同學們互相幫忙的期望。畢竟，走在人生路上，不是每件事都可以順利。人與人之間的可貴，不就正在有困難時互相幫忙？**

出乎意料的，同學們不但不再欺負小尋，而且還開始幫他。

期末開操行成績會議時，所有老師一致通過讓小尋的操行及格。

當然也產生一些意想不到的效果。

譬如上課遲到的同學，一看到小尋，就彷彿看到救星。

這位遲到的同學小心翼翼的護送小尋回我們班，然後就有一個冠冕堂皇的理由：「我送小尋回他們班上。」

這句話比免死金牌還好用，每班教師都買帳。

雖然小尋的成績很差，但國文卻出奇的好。不過他的各科作業永遠交不齊，身為導師，我只好請他每節下課都來找我，我再來盯著他完成作業。但只要我稍微不注意，他就會伺機溜走。

有幾次，我看到小尋抱著頭，慢慢的蹲著身子，一步一步的往門口偷偷前進。

我馬上叫他的名字，沒想到，小尋卻用衣服矇住頭，依然蹲著身子，往門口挪動。

原來，小尋以為他看不到我，就以為我也看不到他。

有一次，班上女學生告訴我：「阿倫老師，小尋在裸奔。」

「什麼？為什麼？」我匆匆忙忙跑到操場。小尋卻好端端的坐在升旗台上，衣服也穿得好好的。

「阿倫老師，我想跟你溝通一件事。」體育老師跟我商量。

「剛剛測驗一百公尺短跑，小尋跑不過。他大概是認為衣服太重妨礙他，他就脫了上衣跑，果然進步了幾秒，所以他要求跑第四次時，竟然把所有衣褲都脫了……」

「那他跑過了嗎？」

「他差多了！可是我看他這麼賣力，全班都笑著替他加油。我想還是讓他通過好了……」

我們學校的社團很多，而且可以讓學生自由選擇，但小尋卻是個例外。

小尋原本選擇校外服務社，結果，一旦小尋不見了，我根本無從找起。

後來，我與學校、家長商量，大家一致通過讓小尋轉到我的社團——位在圖書館的書香園。

每當書香園社團活動結束，總有一些學生把書本遺忘在座位上，或是沒將座椅靠攏，我就會留下來收拾善後。

有一天，小尋突然主動留下來幫我整理。

我看著從未做過清潔工作的小尋，心裡突然泛起一陣感動。

「其實教你很有成就感耶！」

「為什麼？」

「因為你每天都有進步，而且越來越可愛。」

「阿倫老師你很厲害耶！你永遠可以找到我，而且我爸爸、媽媽、姐姐都站在

你那邊。」

「你以為我是幹假的啊，找不到你，我怎麼當老師？還有，我可不是在跟你玩捉迷藏。時間到，就要準時回班上。」

「下學期是不是會重選社團？」小尋抬頭問我。

「是啊。怎麼啦？」

「書香園是很好玩，可是如果是你繼續帶……我一定要讓你找不到。」

雖然小尋有時很可愛，但其實也挺磨人。

其實小尋一家人都很磨人，尤其是有強烈軍人性格的尋爸。只可惜，我更磨人。

我與尋爸從一開始幾乎爭吵的激烈溝通，到後來我每天向他報告小尋的狀況。

最後，尋爸對我說：「**老師，你已經超過你應該做的事了**，我們實在不知道該怎麼表示。可不可以請您一家人到餐廳吃個飯？」

「飯就先不用了，但是我要帶學生去墾丁一趟。如果可以的話，可不可以請您隨行幫我看一下小尋？」

就這樣，在白沙灣戲水的兩天裡。尋爸站在海水中的警戒區，幫我整整看了五個鐘頭……

尋爸，謝謝您的幫忙。

學校要比「魔力點子」，需要一位男主角，小尋因為表演藝術課的表現突出，獲得全班推舉為男主角。

只是小尋這位男主角真的很大牌，因為他不會算拍子，所以出場音樂特地改成他會唱的歌曲，台詞也簡化成只有一句，還有人幫他化妝、遞道具，最後還有專人在他需要上場時，將他推出場。

在校際比賽中，小尋毫不做作又渾然天成的表演獲得滿堂采。由於全校教師都認得他，對於他有如此精湛的演出也都大為喝采。

比賽結束，許多老師買飲料請小尋喝。

小尋望著一堆的飲料，卻開口對我說：「老師，謝謝你。你也很辛苦。」

然後，小尋喝了一口飲料繼續對我說：

「老師，你叫的飲料呢？怎麼還沒送到？」

教育果然是良心的事業啊！

到了兩百五十下，幾乎是我求他放棄的同時，彷彿他的堅持感動了上天。

突然間，小鯨一口氣全背對了。

大隻佬

早自修時，我通常比學生早到。講桌後面有一張學生椅，我會把椅子反過來坐在椅背上面，這樣高度剛剛好。當我啃著早餐時，學生們也三三兩兩進來了，大家開始拿出早餐交流。

我的這一班有一個「很沒規矩」的「規矩」：早餐一定要吃，如果來不及，就帶到學校利用早自修時間吃。所以常常可以看到滿嘴都是蛋餅的學生振筆疾飛，這種情形讓教務處有點頭痛（也可能是很頭痛），但在一早必須面對無趣的考試時，吃一份飽飽的早餐，應該會充滿元氣與力量。

這時教室外的走廊傳來砰砰砰的腳步聲，我還沒抬頭看，就聽到熟悉的大嗓門傳來：「啊！我有沒有遲到？」

夾雜著一陣低語的咒罵聲，教室後面湧出來一團會活動的大面積。

全班一陣肅靜，等待著這個大塊頭沉澱自己。

他就是小鯨，十足的鯨鯊。

老實說，如果真的與小鯨槓起來，我百分之一百二十打不過他。我在當初被他不小心揮到一拳時就知道了。

在一個飄雨的午後，風很大，雨更大。小鯨正在與一片卡住的玻璃窗奮鬥，他漲紅著臉，使出渾身蠻力。眼見窗子沒打開，但已經快被他拆壞了。一個箭步，我過去幫忙，但就在這時候，小鯨的手一滑，他偌大的拳頭不偏不倚往我肩膀擦過。

所有人都因為這突發狀況而愣住了。

小鯨原本漲紅的臉迅速轉為紫黑色。他怯怯的問：「老師，你有沒有受傷？」

「開玩笑！這種沒力的拳頭怎麼可能會讓我受傷？你再回去練練吧。」我輕鬆的回答。

其實，小鯨的拳頭是出了名的硬。就算是跟人打招呼，當他蒲扇般大的巴掌一揮下去，也是可以讓人痛到掉淚。

現在小鯨這樣用力的打到我，我覺得力道應該像是被聯結車撞到吧。

但我卻一副沒什麼感覺的樣子，果然不愧是黑道大哥。

但真實的狀況是，在我心底深處早已經糾結成一團，並且奮力的吶喊著：「天啊！為什麼可以痛成這樣？」

我一回到導師室，馬上輕輕地捲起袖子一看。

哇！不看還好，一看，我臉都綠了，因為我整個肩膀都黑青了。

我訕訕的前往保健室找護理師擦藥。

護理師看了一下說：「你被車子撞嗎？」

嗯，其實差不多啦……

小鯨的入學智力測驗低得不像話，但卻進不了資源班，這個現象很詭異。

我特地拜託資源班再做一次測驗。

就在測驗結束後，小鯨卻跑來對我說：「老師，我全部都猜完了。」

結果，小鯨還是進不了資源班。因為他雖然一題也看不懂，偏偏猜題率奇準。

智商不足的小鯨面對國文課本的解釋完全不背，每次考試，他都空白。

他的說法是：「背不起來。」

我問他：「你是懶得背？還是背不起來？」

「我背了兩個鐘頭耶！」

「背兩個鐘頭，一個都記不住？」

「對呀！不信我現在背給你看。」

小鯨拿著課本在我旁邊背了半個鐘頭。

我回頭考他。

十多個解釋，小鯨沒有一個回答是完整的。

小鯨說：「我就不信我考不過，這樣啦。我錯一題，交互蹲跳十下。」不是說禁止老師體罰學生嗎？怎麼有學生自己要求老師體罰的？

「你確定？」

「對啊！這樣一定會背起來。」小鯨自信的說。

就這樣，小鯨只要被我問到不會的問題，他就開始交互蹲跳，十下、二十下、三十下……到了五十下時。

我有點擔心的問他，不要再跳了吧？（上星期有一則新聞：國小四年級劉姓女學童因與同學爭執，兩人均被沈姓女代課老師處罰各跳交互蹲跳五十下。跳完後，劉姓學童突然失去意識而趴在課桌上，經學校緊急送往彰基急診室診治，頭部電腦斷層顯示為腦幹出血，轉往加護病房治療。醫護人員雖然盡力搶救，但意識仍然無法恢復，並於隔日上午宣告不治死亡。家屬在悲痛之餘，認為女兒的死和老師體罰有關。）

六十下、七十下……一百下，我開始冒冷汗。

（我又想到另一條新聞：彰化縣的某國小傳出一名國小六年級的男學生，在上「植物之繁殖」課程時因為忘記帶膠水，竟然被張姓女老師體罰交互蹲跳一百多下，導致學童無法走路，甚至併發「橫紋肌溶解症」出現急性肝炎症狀。）

一百一、一百二……兩百下。

（新聞快報：桃園縣某國中的國一學生，因為穿錯制服，被老師罰跳兩百下，結果跳著跳著，臉色愈來愈黑，最後引發「過度換氣症候群」而昏倒送醫急救。）

到了兩百五十下，幾乎是我求他放棄的同時，彷彿他的堅持感動了上天。突然間，小鯨一口氣全背對了。

這時，我們兩人都只能一直喘氣。

小鯨累得半死，我卻像死過一樣了。

小鯨的頭腦很簡單，簡單到不會轉彎，因此跟他說話要簡單明瞭，否則他的腦細胞無法反應，有些教師不清楚這種狀況便會產生一些衝突。

譬如小鯨上課時發現沒帶課本，便很大聲的說：「課本怎麼不見了？」

「小鯨，不要在上課時跟別人講話。」老師提出糾正。

「我又沒有跟別人講話！」小鯨抗議。

「我明明聽到你有說話。」老師覺得小鯨在狡辯。

「我說沒有跟別人講話就是沒有。」小鯨覺得他被冤枉了，因為他的確沒有「跟別人」講話。

「好吧！那不要再講話了。」老師放棄跟他辯了。

「我・沒・有・講・話。」小鯨氣得摔椅子。

「阿倫老師，你們班的小鯨……」

同樣的情形也曾發生在體育課，只不過這次小鯨不是摔椅子，而是毆打體育老師。

體育老師是個和氣的好好先生，在講解完桌球的規則與技巧後便讓學生練習。

小小的一顆橘球，速度卻快得不像話。小鯨與其說是在打球，不如說是在撿球。

「我不打了。」小鯨把球拍往桌子一丟。

「你為什麼摔球拍，這樣桌子受損怎麼辦？」體育老師被球拍的聲響驚動了。

「我又沒有摔。」小鯨認為他是用丟的。請注意，在小鯨的認知裡，「丟」與「摔」是不一樣的。

「我明明看到你……」

同樣的爭執又要出現了。

小鯨家裡是開雜貨店的，也是我常家庭訪問的地方。

小鯨家樓上有一個佛堂，供奉的是觀音菩薩，也是小鯨常悔過的地方。

小鯨的媽媽身體欠佳，因此小鯨常常必須幫忙把貨物搬到樓上，每天鍛鍊的結果，讓他力氣超大。

小鯨跟媽媽的感情很好，他只要一放學回家，一定會先抱他媽媽一下。

在小鯨認知裡，抱一下表示感情好，這也導致班上女同學家長要告小鯨性騷擾。唉！我花了一年的時間還是無法教會小鯨有些部位是不能碰觸的，他總是直覺反應，完全不考慮會碰觸到哪裡。這點，可能需要輔導室大力幫忙了。

小鯨雖然狀況百出，但在他那流氓哥哥及觀音菩薩的大力幫助之下，漸漸的，也有改善，甚至在他當了風紀股長後，班上的秩序更是大大的改善了不少。

我答應過阿倫不打架

在墾丁班遊的晚上，坐在草地上仰望繁星點點，叛亂分子對我說：「老師，對不起。每次都因為我的事，害你常被主任叫去罰站聽訓話。」

當我剛接下「天下第一班」時，主任曾經囑咐我需要特別注意一個學生，因為他在新生暑期輔導時，就與主任起過衝突，並曾當面撕毀上課講義。

果然一開學，我就常常必須處理他與任課老師間大大小小的衝突，以及他恐嚇、毆打其他學生的行為，我稱呼他為「叛亂分子」。

在看到叛亂分子一連串流氓的行徑之後，我的情緒已開始沸騰。而當所有的方式都嘗試過，卻仍無法遏止這種情況，而他又再次毆打同學時，我決定採用非常手段，就是……找他單挑。

「你很會打架是不是？連老師也敢打，對吧？好。現在跟我到樓下單挑！」

「你是大人，我怎麼打得過你？」

「這麼多老師也是大人你都不怕，這次怎麼會在乎我是不是大人？」

「你不太一樣。」

「有什麼不一樣。不然你再找人來，反正我就是要解決這件事。」

結果跟他來的只有班上的大隻佬而已。

一到樓下，兩人平常耀武揚威的氣勢都消失了。

這點倒出乎我意料之外，我以為他會撲上來的。

「怎麼？不打啦！」突然間，我也不知道該怎麼接下去了。

「你是流氓教師耶。誰敢跟黑道大哥打架，而且你昨天才跟一班的尬過體能，大家都覺得不可能贏你。」

昨天一年一班的學生起鬨要比伏地挺身。剛開始，所有男生都很有自信，結果五十下時，除了我與一位學生，其餘全部陣亡。等到了一百下時，我心裡暗暗覺得不妙，因為我已經開始硬撐了，而那位學生還一副精力旺盛的樣子，還好上課鐘響救了我，我們暫時算是平手，其實當時我已經筋疲力竭了……

原來是這樣，所以叛亂分子才不戰而降。

既然我是大哥，大哥身邊一定會有小弟，從此我身邊就多了兩個小弟。

兩個學校都很頭痛，而且學生們也都很害怕的小弟。

叛亂分子的人緣奇佳，不但二、三年級都買他的帳，而且每個團體都歡迎他。

最神奇的是，每次出事的地方都一定能看到他，所以，要了解各年級發生的事情找他準沒錯，他可以把前因後果鉅細靡遺的告訴你。

這個特點對於教師而言如獲至寶，只要各班級有學生出事，找叛亂分子來一定能查得水落石出，而且還不需要擔心他會被同學報復，所以我戲稱他是我的「金牌小密

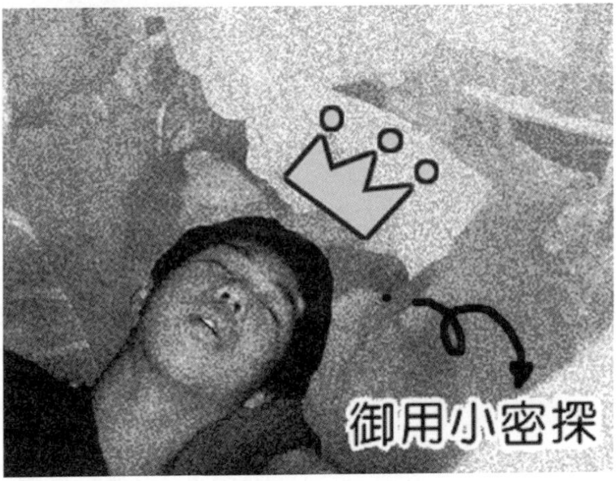

探」。

為了不幸負這個名號，在學校常常會聽到以下的對話：

「阿倫老師，你知不知道某某學生發生了什麼事？」

「我不清楚。我請金牌小密探過來問一下。」

一分鐘後。

「老師，你找我啊？」

「嗯。你知不知道某某某怎麼了？」

「喔。事情是這樣的，某某某還可以作證。我幫你去找他們過來。」於是，所有牽涉其中的學生全員到齊，一個都跑不掉。

金牌小密探真不是浪得虛名。

叛亂分子的家庭狀況有點複雜，因此溝通上格外費事。

叛亂分子的母親，大概以前常接到教師告狀的電話，因此完全不跟我聯絡。

為了要讓叛亂分子的母親願意接電話，我先從叛亂分子的阿嬤聯絡起。

在跟老人家打好關係後，我順便問出叛亂分子整個家族的聯絡方式。

接著，我按照名單依序打電話，從叛亂分子的大阿姨、二阿姨、小阿姨到許多親戚，最後才有幸讓叛亂分子的媽媽不得不跟我溝通。

至於叛亂分子的父親，完全沒有下文，我倒是跟叛亂分子的叔叔們建立了不錯的關係，而這些叔叔，其實是叛亂分子爸爸的小弟。

叛亂分子的爸爸才是真正貨真價實的老大。

我雖然花了很長的時間與叛亂分子搏感情，但他抽菸、喝酒、打架、飆車的狀況還是無法改善，只是叛亂分子也很給我面子，他絕不在校園內鬧事。

其實我曾經懷疑叛亂分子到底會賣面子到何種程度。在一次的打架事件中，我發現叛亂分子真的是滿講義氣。

在同年級的學生中，有人頂著叛亂分子的名號到處招搖撞騙。這件事被叛亂分子的朋友知道後大為光火，於是把這位同學叫到學校頂樓詢問。在一陣逼問之下，反而讓在場的一位重量級人物不高興，於是決定修理這位學生，其餘幫腔的學生礙於重量級學生的脅迫，不得不出手毆打該生，只有叛亂分子不為所動。

他說：「我答應過導師不打架。」

遵守承諾的結果是換來一陣又一陣「沒種」的嘲笑。

叛亂分子聳聳肩，無奈的苦笑。

這件事震驚校方，所有學生都被記了大過，而叛亂分子在我力爭之下得以倖存。我的理由很簡單：第一、他並不知道會打架；第二、他沒動手；第三、事發後他據實稟告。

這邊我必須說明一件事，叛亂分子的自尊心奇高。舉例來說，他曾在考試時舉手說：「老師，我都沒看書，你給我零分，我可不可以拿書出來寫？」他也曾在任課老師要處罰他時說：「我不高興給你處罰。我去找導師，我寧願被他處罰兩倍。」

被同儕笑沒種，原本是叛亂分子絕對無法忍受的，可是這次他卻吞了下去。我如何能夠處罰他？

當然，我也問他：「難道你不怕得罪那位重量級的人物？」

他的回答也很妙：「我比較怕得罪你。你比他恐怖多了。」

在墾丁班遊的晚上，我們坐在草地上仰望繁星點點。

叛亂分子對我說：「老師，對不起。每次都因為我的事，害你常被主任叫去罰站聽訓話。」

我告訴叛亂分子：「我一直認為你是非常聰明的學生，只是，你都用在壞的事情上面。你有很多的優點，譬如領導能力就很強。只要你肯做，未來應該是很優秀的人。」

叛亂分子沒再說話。我們望著生物老師才了解的星座，一直坐著……

班遊結束後，迎接我們的是一連串「魔力點子」的排練工作。叛亂分子很反常的主導著所有活動的進行，於是，我下了一道命令：「所有的事情以叛亂分子說了算。」

沒有任何同學對叛亂分子的指令有所質疑。在叛亂分子的領導之下，我們的比賽順利獲得「魔力點子獎」，叛亂分子的人氣也迅速提升。

在這次班級幹部的選舉中，叛亂分子以壓倒性的票數榮獲二年級的班長。

或許，他的代稱，我有必要修改一下了。

三個寶貝蛋

本來大字認不得幾個的學生，卻開始對國文感到興趣。

只要一到國文課，他們就自己搬了椅子，咚咚咚地從最後面坐到最前面，一副有為青年的熱血模樣。

一位媽媽級的實習老師很納悶的問我，為何我上課的班級都很活潑。

原因很簡單，因為好玩吧。

怎麼讓國文課好玩？方法除了引起學生共鳴，更重要的是想辦法讓他們了解，除了某些非不得已需要死背的課文外，解釋方面通常都是讓學生自行推理而來。這點引起了實習教師的興趣，於是前來旁聽。

這節課的主要內容在於國文文法，對於這群寶貝學生來說，要如何分辨名詞、動詞、形容詞、副詞，以及主語、述語、賓語這些雜七雜八的詞性，難度大約等同於要分辨各種外星人是來自於哪個星球般的困難。

在我的國文課班上有三位寶貝蛋，舉凡教師不願意遇見的學生問題，他們三個湊一湊大概就全包了。

例如這三人總會藉故沒帶課本要坐在一起，如果真的如他們所願，那肯定教室會被翻過來。但如果不答應他們，保證他們從上課鐘響睡到下課鐘響。

於是，就要拿出我的看家法寶。

以下是三個常用的小遊戲：

首先是「井字遊戲」。

一般而言，各班都會備有籤筒，裡面有每個學生的座號，但就是這樣抽出來其實還滿無趣，於是規定好：如果抽中某個學生的號碼，那位學生不用動，但他前後左右四位同學要迅速的起立，最慢的那個學生要負責回答問題。

而進階版就是唸出號碼之後再加減乘除一下……

第二種是「井字遊戲」再進階版——「炸彈超人」。

相信喜歡玩電玩的人對SNK的「Neo Bomberman（炸彈超人）」並不陌生。這遊戲的方法與電玩版差不多，一樣抽點一位同學，這也就是設置炸彈的意思，而被點到的同學要大聲的喊「砰」。

炸彈的炸法是十字形的，因此在這路徑上的所有學生必須立刻起立，最慢的代表被炸死。如果班上恰巧有同名不同姓的學生就好玩了，不過只要省略姓氏不唸，就會出現雙十字的大爆炸。

這遊戲還被學生拿來改版，如果學生喊出：「帥哥倫！」那我也得必須要喊「砰」一聲，然後全班起立，當然也是抓最慢的那一隻。

最後是「陷人不義」。

當學生在唸課文時，可以不用唸完特定的段落，而是可以在任何一個字上停頓，接著馬上點同學繼續。

這招其實很狠，尤其是如果有學生這麼做：譬如課文中是「我一口氣就把蛋糕吃下肚……」，學生就會故意唸「我一口氣就把蛋糕吃下杜正勝！」那杜正勝同學就必須起立回答；或是課文中是「在一片茂密的叢林……」，學生就會故意唸「在一片茂密的叢林志玲！」

這幾個遊戲，學生常常大叫幼稚，卻往往又會主動要求要玩，而且樂此不疲……

班上的三個寶貝蛋就是因為這樣而無法睡覺，但等到他們真的認真聽課了，我卻又開始希望他們還是睡覺好了。因為他們幾乎是有問必答，卻偏偏每答必錯，而且還會三不五時的冒出很多令人笑不出來的冷笑話。

這三個學生對於每答必錯絲毫不覺得有任何的羞愧感，反而還會嘻皮笑臉的說：「啊！我們是笨蛋三人組啊！」

當然偶爾也會出現瞎貓遇到死耗子的情形，猜久了總會矇上一、兩題對的。這時我會用高八度的語調說：「哇！開竅了耶！」然後全班用力鼓掌。

一學期下來，班上竟然出現教育學常提到的「畢馬龍效應」。這三個傢伙的程度開始突飛猛進，而且答對的機率開始大過錯誤率了。

本來大字認不得幾個的學生，卻開始對國文感到有興趣。

只要一到國文課，他們就會自己搬了椅子，咚咚咚的從最後面坐到最前面，一副有為青年的熱血模樣。

後來不知道他們三人是不是認為自己還不夠熱血，他們竟然坐到講台上面。只要我說要唸課文，他們便自告奮勇，儼然成為我的助教。

這麼認真我是很感動。

但是，不要在聽課無聊時偷捏我。好嗎？

雖然這三個寶貝蛋的程度開始提升，但讓我冒冷汗的狀況還是不少。

當媽媽級的實習教師來旁聽時，我已經講解到各種句子的詞性辨別。當我說，一個句子最簡單的組成莫過於動詞加上名詞，三個寶貝蛋很自動的大聲舉例：「愛你！」

這的確是很正確的答案。

我開心的說：「好。我也愛你！」

就這樣，句子慢慢的越加越長，其中還出現了「我愛你那三十公斤重的屁屁。」三個寶貝蛋甚至可以正確的答出三十是數詞，而公斤是量詞。

這三人在實習教師的面前給足了我面子。

正當我滿心歡喜的繼續講解時，三個寶貝蛋卻突然起了內鬨，一句「你這個雞巴毛的人」脫口而出。全班頓時安靜不已。

面對這種狀況，我的經驗是與其大驚小怪，還不如以不變應萬變。

我不慌不忙的把這幾個字寫在黑板上，然後問三個寶貝蛋：「這句話用到了一種特殊的修辭。可不可以告訴我是什麼？」

「轉品。」

「你確定嗎？」我很壞，每次都會故意這樣問。

「對啊。」三個寶貝蛋竊竊私語後認為應該沒錯。

「為什麼？」

「因為雞巴毛本來是名詞，這裡變成了形容詞，改變了原來的詞性，所以是轉品。」

「哇！開竅了，雄中是你們的了。」全班高聲歡呼，只有實習教師一臉茫然。

歡呼了三次之後，全班又安靜下來。

「接下來我們要上的是……」我若無其事的繼續上課，同學也若無其事的繼續聽課，只有實習教師目瞪口呆。

這就是學生可愛的地方，可以興奮到極點之後馬上又靜靜的聽課。

未來的香醇葡萄酒

沒想到，小葡萄張大眼睛，對我說：「我不會綁鞋帶。」

綁鞋帶不是幼稚園就應該學會的事情嗎？

我一面傻眼，一面請店員教小葡萄綁鞋帶……

小葡萄是全國電子教師班上的學生，一個很文靜卻有著水汪汪大眼睛的學生。

今年我再度成為全國電子教師班上的國文老師，因此，小葡萄也順理成章的將要被我「欺負」三年。

剛開學的新生總是藏不住興奮，但快樂沒多久就會發出痛苦的哀鳴，因為作文來了。

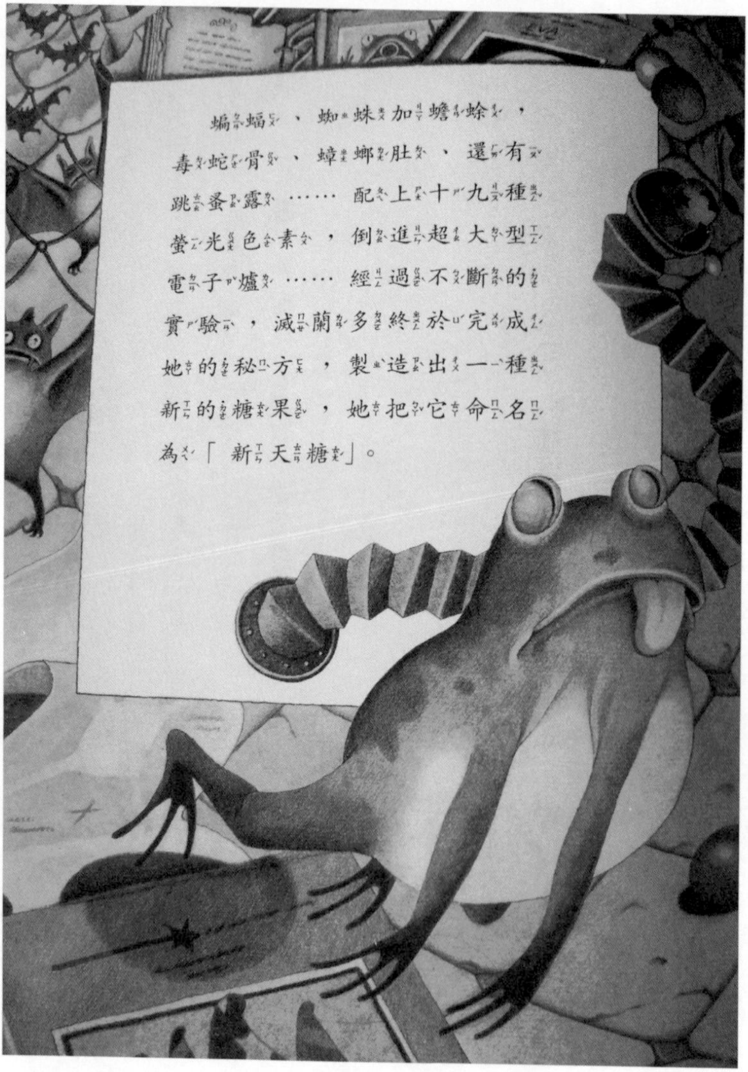

蝙蝠、蜘蛛加蟾蜍，毒蛇骨、蟑螂肚、還有跳蚤露……配上十九種螢光色素，倒進超大型電子爐……經過不斷的實驗，滅蘭多終於完成她的秘方，製造出一種新的糖果，她把它命名為「新天糖」。

通常新生的第一篇作文大概都是自我介紹或是家庭簡介一類的題目，與其是要訓練學生寫作文，還不如說是為了讓教師了解學生背景及程度。

或許是之前我與全國電子教師拚命點光明燈的緣故，今年全國電子教師手氣超好，抽到很優秀的班級。以往新生的前幾篇作文，平均一篇，我必須改上快一個月，但今年的程度好到讓我在短短一個多星期就批閱完畢，差點讓我感動到想請野台戲到廟裡酬神。

但在學生連續寫三篇作文之後，我發現小葡萄的作文雖然都能寫到規定的字數，但每句話幾乎都只是單字的拼湊，毫無意義。

我還從小葡萄的文章發現幾件事：

一、她曾經在東南亞國家居住過。

二、她的語文能力有問題。

三、她字詞的程度大概只有國小中年級而已。

既然發現了問題，那就必須去解決。

我約了小葡萄聊天。原來小葡萄的母親是外籍配偶，不但家境窘困，小葡萄還有兩個弟妹，這是很明顯的文化不利學生。

我在知會過導師與家長後，小葡萄將利用每天的午休時間來找我做課業的補強。

剛好學校有書商來推廣優良讀物，我發現有一套《新世紀童話繪本——童話．閱讀．寫作》不但故事動人，而且內容附有注音，更有教學指引及學習單元可以運用，剛好適合小葡萄目前的程度。

但原價五千的書就算特價也要三千多元，實在不能算便宜。

當我正在考慮時，有人突然拍了我肩膀一下。

一回頭，就聽見全國教師開口：「你又沒小孩，看這套書幹嘛？」

「我在考慮要不要用這套書教小葡萄。」

全國電子教師：「這套書要多少錢？」

「特價後三千多。」

全國電子教師：「這樣很貴耶。你確定要花這筆錢嗎？」

「不然怎麼辦？這剛好適合小葡萄啊。」

全國電子教師戲謔的說：「是啊。誰叫她是你的學生。」

在一旁沒有作聲的老闆突然開口問：「你買這套書是要用來上課的？」

我回答：「是啊。」

老闆繼續問：「你買這套書只為了教一個學生？」

我點頭：「是啊。」

老闆有點不相信的繼續問：「你要花三千多，只為了教一個學生？」

我有點不耐煩的回答：「是啊。」

老闆看了我好一陣子，最後他很阿沙力的說：「好。就算你肯花這筆錢，我也不好意思賺這筆錢，這樣啦。我以成本價給你，兩千多就可以了。」

於是，這套繪本就成為我補救教學的課本了。

誰說無奸不成商，商人也是很有愛心的。

小葡萄每天中午來找我報到時，總是蹬著一雙幾乎支離破碎的運動鞋。

她每個步伐都極不自然，像是深怕鞋子飛掉似的。

雖然我有些害怕會傷害到小葡萄的自尊，但我還是忍不住想知道，究竟除了這雙勉強可以掛在腳上稱作鞋的東西之外，小葡萄還有沒有別的東西好穿。

結果，答案讓我很不自在的換了一下姿勢。

對於家庭狀況很糟的學生而言，任何的幫助都只是短暫的，尤其是金錢上的支助，總不可能一輩子吧。

能夠幫助學生是美好的，但之後呢？之後又該怎麼辦？因此，我後來常常都是狠下心來教導他們「自助」與「獨立」。

雖然如此，但有時還是忍不住很俗氣的用金錢解決一些事。

我決定帶小葡萄去買一雙鞋。

到了運動用品店之後，我因為沒有幫小孩買鞋的經驗，於是我請店員幫忙挑一雙耐穿，而小葡萄會喜歡的運動鞋……

結果店員幫小葡萄選中了一雙銀色的耐吉運動鞋。

沒想到，小葡萄看著運動鞋，卻張大眼睛，對我說：「我不會綁鞋帶。」綁鞋帶不是幼稚園就應該學會的事情嗎？

我一面傻眼，一面請店員教小葡萄綁鞋帶……

這時店長剛好走進店裡，她看到穿著制服的小葡萄，疑惑的問：「妳這個時候不是應該在學校嗎？怎麼會出現在這裡？」

我趕緊現身：「抱歉。是我帶她來挑鞋子的。」

店長狐疑的看著我：「你應該不是家長吧。你看起來好面熟……啊！你是那個出名的訓育組長。對吧！」

店長說完之後，突然一把將我拖到一旁問：「你為什麼會帶學生出來買鞋子？」

我聳聳肩：「妳看她的制服與鞋子就可以知道為什麼了。」

店長看了小葡萄一眼，慌忙把店員拉到櫃檯後面訓話：「幹嘛挑這麼貴的鞋子？妳是不會挑特價品，人家組長是要送學生的……」

店員很委屈的回答：「我又不知道他不是家長，才會拿最貴的出來……」

喔，原來店員都是拿最貴的出來給家長。

雖然小葡萄不知道價錢，但彷彿對這雙超級貴的鞋子很滿意。我在小葡萄臉上看到滿足的笑容。

我與店長實在不好意思請小葡萄換一雙便宜的鞋子。

短暫沉默後，店長突然開口：「既然組長在幫助學生，那也算我一份好了。這樣啦，一半的錢由我出。」

就這樣，小葡萄抱了一雙雖然半價，但還是很貴的鞋

子回到學務處。

但當學務處的同事一看到小葡萄的新鞋子，簡直要把我罵到臭頭了。畢竟，這樣的鞋子會讓家長很尷尬，因為這可能是她們家一個月的伙食費（所以以後帶學生到菜市場挑鞋子就好了）。

雖然很對不起家長，但小葡萄著實高興了很久，或許這樣家長可以原諒我一下吧。

小葡萄果真每天中午準時到學務處找我報到，我也列了一張關於《新世紀童話繪本——童話・閱讀・寫作》的計畫表，本想按照這進度練習十週後，小葡萄應該就會有所進步。

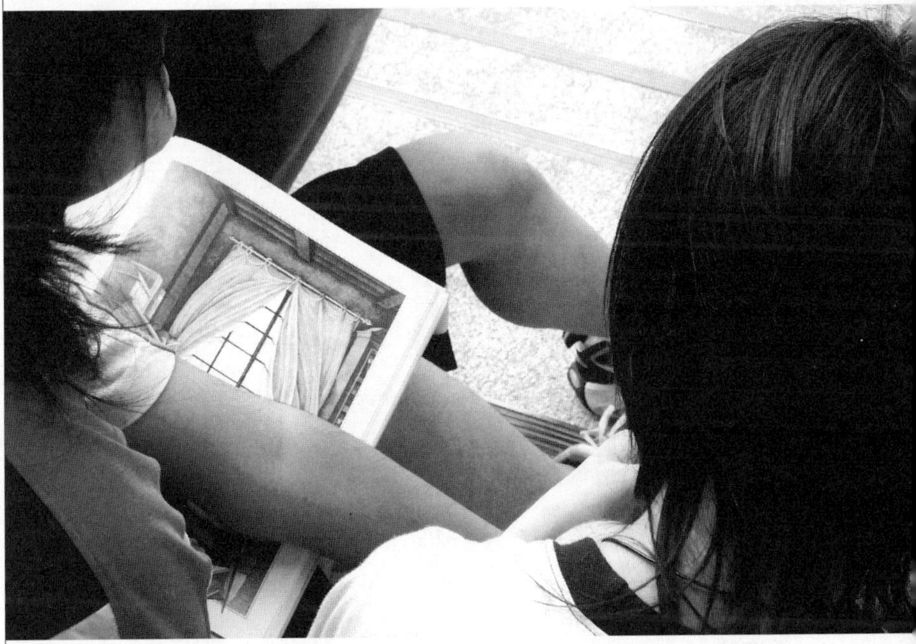

但第一天的進度結束後，我發現「其實根本沒有進度可言」。因為小葡萄的程度遠比想像中的落後，她甚至無法理解有注音符號的兒童讀物。

那麼，不要說無法做到全國電子教師交代的「順便加強一下數學與英文」，連國文程度要趕上其他同學都可能很有問題。

既然我是利用童話故事來加強小葡萄的國文程度，那乾脆回歸到童話故事的本質。

童話故事之所以迷人，不只是活潑的內容和有趣的情節而已，更珍貴的是隱藏在故事情節中的東西，而這些往往是無形的，是透過故事內容直接和心靈進行對話，傳遞某種訊息。

這給了我一個靈感，因為當大人在講故事時，孩子的神情都特別專注，注意力也很集中，**若是我能夠唸故事給小葡萄聽，或是增加一些思考性的問題，應該會對故事所要敘述的寓意有些幫助，學習也將變得簡單多了**。

但學務處中午是出了名的忙，不但無法午休，甚至連喘息的機會也沒有。

以我為例，午休時間同時有一名工讀生、兩名改過銷過的學生、兩名旗手練習、九名練習熱舞的學生、許多補救教學的學生要看顧。

我根本無法分身再抽空唸童話給小葡萄聽，可是又無法放著小葡萄不管。

最後，我把腦筋動到工讀生身上。訓育組的工讀生國文程度其實很不錯，我於是請她擔任說故事大姐姐的角色。

沒想到，才實行短短的時間就產生顯著效果。本來像是在籠子內踩轉輪卻老是翻跌下來的小葡萄，漸漸開始投入在課堂上。

小葡萄每天跟著大姐姐聽故事、回答大姐姐拋出的問題、跟著書本的內容抄寫練字，也開始獨立完成書本後面的學習單……雖然，小葡萄的進步依舊有限，也無法馬上在成績上有大幅度的改善，但至少，小葡萄不再排斥、懼怕上課，甚至會認真的聽講，這應該是個不錯的開始。

加油吧。小葡萄，希望有一天妳可以成為香醇的葡萄酒。

他最常收到的禮物是香皂

當時，我問元氣：「你知道同學為什麼都不願跟你坐在一起嗎？並不是因為你做人有問題，而是你身上帶有一種不太好聞的味道。」

我曾經是「霸凌」的受害者，雖然時間不長，但確實體會到整個團體將其中一人徹底地孤立起來，不許任何人理睬的心情。

有些「霸凌」其實是積怨已久的，有點

像是在密閉的房間裡灌滿瓦斯，只要有一點小小的火花，就可能產生十分慘烈的爆炸。如果以這個例子來說，元氣就是那個不停釋放瓦斯的學生。

元氣跟著父親住在一個很詭異的屋子裡，但與其說是屋子，還不如說是個巨型的鴿舍。

元氣家裡到處養滿了鴿子，空氣中瀰漫著鴿子糞便的惡劣味道。

住在這樣的環境下，元氣很難帶著清新的味道上學，但因為：「入芝蘭之室，久而不聞其香；入鮑魚之肆，久而不聞其臭。」元氣對於自己散發出來的氣味一點感覺都沒有，因此，雖然許多教師勸導過他（他最常收到的禮物是香皂），同學抱怨他，元氣卻一點感覺都沒有。

同學們開始遠離元氣，這彷彿咒語般的控制了全班，任何同學都無法不遵從。

如此嚴酷的懲治，也讓元氣徹底變成了孤家寡人和全班最可恨之人。

遭到「霸凌」的元氣不至於罪大惡極，但無論在家中，還是在學校，他都像身處在無間地獄。

當時，我隨口問元氣：「你知道同學為什麼都不願跟你坐在一起嗎？並不是因為你做人有問題，而是你身上帶有一種不太好聞的味道。如果你把衣服洗一下，大家應該就會想跟你做朋友了。」

我說的這一句話也許有些魔力，因為隔天，在元氣身上幾乎聞不到那股奇怪的味道。

消息很快的傳開來，畢竟許多教師都無功而返，而我上這班的課還不到一個月。

不過要在短時間扭轉其他同學對元氣的印象並不容易，我找元氣詳談，輔導室則與班上學生溝通。

元氣的表達不是很流利，我找他談了快一星期，才稍微了解元氣的生活。

原來，元氣的衣服都是直接丟進洗衣機，但衣服洗完後，家裡並沒有陽台或可以晾衣服的地方，只好擱在唯一沒有鴿糞的沙發上晾乾，結果潮濕的衣服吸收了空氣中的味道，衣服當然不太好聞。

我和元氣努力的找到解決之道——以後元氣的衣服在學校洗，也在學校曬。為此，我還挽起袖子，一步一步的教元氣用手搓洗衣物。

我還找到一個隱蔽而陽光充足的地方，讓元氣曬衣服。

後來，每一天，在我辦公桌旁邊，都會出現一個學生的身影，不是在洗衣服，就是拿著我的參考書在自修，這就是元氣每天的例行公事。

我忙我自己的事，完全不用多花心力看顧他，只不過元氣如果發現我桌上有一些零食，他會流露期盼眼神地問我可不可以分他吃。

看在他這樣賣我面子的份上。這點小小的要求，有什麼問題呢。

有老師很納悶，我用了什麼魔法，可以讓不少的學生改變。

其實許多學生的家庭如同無間地獄，但學校也同樣是無間地獄，當他們快要徹底絕望而喃喃自語地說：「我在這裡。有誰可以發現我？」

而我剛好路過，問了一句：「咦？你在這裡做什麼？」

只是這樣而已。

手腕上的祕密

有一次，我躲在窗外看她上課。竟然發現她拿著美工刀不停的割著自己的手腕，這個行為差點沒把我嚇壞。

一般而言，暑期輔導人數應該都比平常上課人數來得少，因為暑期的輔導課不具強迫性，許多學生都會名正言順的不參加，所以平均每班大約有四至五位不來上課，但我們班卻幾乎全員到齊了，除了一位跟隨父親到大陸的同學。

三十七位減一位應該是三十六位，但教室裡明明坐了四十二位學生，還曾經出現過四十九位。

這些學生不參加暑期輔導，卻天天到我們班報到。

這一切，都與一位關鍵人物有關，即頂頂有名的「叛逆的熊熊」。抱歉，她最近改名為「嗆#元气洨笨熊？」（這是哪一國的怪名字？）

頂著橘色短髮的三年級學生名叫柚子，是熊熊的小男朋友。跟在柚子旁邊的是一群每天窩在柚子家的學生。

小佩是熊熊在班上最好的死黨，是個很乖巧又聽話的學生。黏在小佩身邊是赫赫有名的小軒，所有教師與同學都認為小軒是小佩的男友，可是當事人卻鄭重否認。

小軒號稱「一拳可以打死人」，在學校是重量級人物，雖然當時是一年級，但他的狠勁卻稱霸學校，這也造成他的操行成績只有個位數的悲慘命運。

這些學生是各班的頭痛分子，專門和老師唱反調，不過在我面前就像小貓咪。

他們從來不鬧事，而且還會幫忙班上的活動。

從暑假開始，他們早自修就一字排開站在窗台看我上課，於是，我乾脆叫他們搬椅子，坐在教室後面上課，這種情形被主任笑稱是在上「霸王課」。

問題是，我不在班上的時候怎麼辦？

很簡單，學務處有一堆的事情需要做，這些學生自然就是義工。這些學生做事又快又好，很難想像他們是每次需要開操行會議討論的學生。

一年級新生訓練時要選班級幹部，有些老師會用指派的方式，有些會用選舉的方式，我呢？**我把所有幹部應做的事項條列出來，再說明哪一種人格特質適合做哪一種幹部**（我當然會加油添醋的把某些特質誇大），**最後讓他們自願**。如果有重複，則用猜拳的方式決定，結果，總是很順利的產生所有幹部。

可是，三天後我們的班長卻轉到體育班。當我正準備找一位新班長時，一位家長帶著學生來找我，問我可不可以再從體育班轉回來，這時一個小臉突然抬頭對我說：「如果我從體育班轉回來，可不可以還是當班長？」

一個國小是人見人怕的大姊頭，本來家長強迫她去念體育班，卻因為想當班長，又展開另一種截然不同的選擇，她就是熊熊。

熊熊是很好看的小女孩，圓滾滾的大眼珠彷彿會說話。熊熊的獨門密技是：抬頭仰望他人，一雙大眼不停的眨呀眨的發出卡哇伊的電波。據說這招從來沒失敗過。

自從熊熊當班長後，所有的事情確實都能達成，我常常因此用力的誇讚她。

但到上學期快結束時，她的態度卻一百八十度的直轉而下。這突如其來的變化讓我措手不及，也完全摸不清楚頭緒。

一個品學兼優的學生，怎麼一夕間開始恐嚇、欺壓同學？無論我如何旁敲側擊，就是無法得知。

我只好暗中觀察熊熊的行為。

有一次，我躲在窗外看她上課。竟然發現她拿著美工刀不停的割著自己的手腕，這個行為差點沒把我嚇壞。

在驚嚇的同時，我也注意到一個很奇特的現象，班上不是沒有同學發現她在割手腕，卻都面無表情的繼續上課，一般不是會驚叫嗎？

莫非，同學對這種現象已經習以為常？於是我利用下課時間找藉口要所有學生挽起袖子做事，望著每個學生白皙的手，竟然高達九位學生手腕上面有傷痕。我火速通知輔導室協助。

學生割腕，不全然是為了尋短，大多數的時候只是為了發洩情緒，有點類似一場重要的儀式。

割下去的那一瞬間多半有點疼痛、有點癢，又有著一絲絲的快感，但是情緒卻是十分的平靜。

為什麼我會知道呢？因為，在輔導的過程中，我一直無法體會為何會用這種方式自殘，於是我決定也試試看……

那些令人疼痛的祕密找到了一個發洩的出口，即使現在不順遂、即使對未來覺得茫然，但是割腕卻彷彿可以得到暫時的救贖。

況且，通常大人對於割腕這件事都會十分恐懼，許多原本無法得到同意的事情便可能有所轉機。但一旦學生食髓知味，如果有一天他們的要求得不到預期的回應，這一刀可能就真的會出事了。

聽著每個學生斑斑的故事，我真切的付出並感受。

但這些都比不上一句：「割腕會留下疤痕，這樣很醜耶。」

這句話彷彿是解藥一般，割腕的情形馬上就痊癒了。

唉，人還是愛漂亮的動物。

果然是一家人

姑姑認為學生唯一要做，也唯一能做的事就是讀書，因此不能上網、不能看電視、不能出去玩、更不能交男朋友。

當我忙了一天，正悠閒的吃晚飯時，熊熊的媽媽哭著打電話給我，她說熊熊留了一張字條後便下落不明了。

還好我平常追學生追得很緊，對於他們的一舉一動都瞭若指掌。根據我的研判，我馬上拿起電話撥了幾個號碼……

半個鐘頭後，熊熊打電話給我，告訴我她目前所在的位置，也承諾隔天仍然會到校，但無論如何不跟家裡聯絡。

我跟熊媽商量後，決定隔天到校再說。

熊熊隔天到了學校，沒等我開口就哭了出來。

哽咽中，我終於清楚熊熊最近一連串脫序行為的原因。

生病中的阿嬤想念孫女，恰巧高學歷的姑姑因離婚回到阿嬤家，於是熊爸決定暫時把熊熊送到阿嬤家居住，一方面安慰年長的阿嬤；一方面姑姑也可就近照顧熊熊。

問題是，姑姑認為學生唯一要做，也唯一能做的事就是讀書，因此不能上網、不能看電視、不能出去玩、更不能交男朋友，偏偏熊熊那時認識了一個男生，每天這位男生都會打電話給熊熊。

這件事讓姑姑抓狂，於是換來了一陣好打。但，他們根本才剛認識，完全談不上在交往，姑姑這一介入，激發了熊熊體內倔強的因子。於是，妳不讓我們在一起，我就偏要跟他在一起；妳打我，我就割腕。

對割腕這件事覺得不妥的姑姑找熊爸來幫腔。熊爸認為妹妹的學歷高，講的話一定是對的，所以，熊熊在面對她爸爸時，又是一陣毒打（果然是一家人，處理的方式都一樣）。

熊媽呢？她只是眼睜睜的看著女兒，什麼事也不做。因為在熊家，媳婦是沒有發言權的，於是，熊熊選擇跟熊姐一模一樣的解決方式——離家出走。

熊姐國中就跟男生在外面生活，每天打工來養活自己，沒人管又自由的日子著實讓熊熊羨慕許久。這次的導火線更加劇熊熊的決心，也才會有離家出走的舉動（果然是一家人，處理的方式還是一樣）。

面對家長強勢要將熊熊帶回，熊熊的抵抗方式仍然是割腕。只不過，這次不是表面割割而已，而是發狠的劃下去。

面對如此強烈的抗爭，家長有點手足無措。

當時唯一慶幸的是熊熊雖然蹺家，但每天還是準時到校，每天也都會找我談事情，只是我完全不能試圖去輔導她。只要她一發現我有這種意圖，馬上會開始拒絕溝通。

於是我輔導的對象反而是熊爸與熊媽。還好，我學歷比姑姑高一點，所以我的話更有說服力（我一直搞不懂這是什麼樣的標準？）。

熊熊那邊，我一方面熱心的安排她未來的住處，卻也一個一個將她能去的地方、能夠投靠的人一一切斷，其實就是將熊熊漸漸變成一座孤島。

一個多月的雙管齊下後，熊夫婦的教養態度明顯的讓熊熊發現大為不同，這時的熊熊也無處可去了，於是熊熊坐上媽媽的轎車，回到闊別許久的熊家……

下學期熊熊的表現差強人意，每天像行屍走肉般的到校，放學就在網咖窩到十點多才回家，除了我的課會稍微給點面子上課之外，其餘時間都趴在桌子上睡覺。

曾經活潑如春日的淙琤小溪，現在卻冰封霜結，昔日的熱情被淡漠所取代，而我對這種情形卻一籌莫展。

下學期的「魔力點子」替這種困境帶來轉機，因為熊熊的舞蹈表現優異，我嘗試說服她擔起女主角的重任。突然間所有疏離重新被坦率熱切取代，彷彿生鏽已久的發條被轉動，熊熊在汗水中跳出年輕應有的瑰麗。

又到了選幹部的時候，找回歡欣的熊熊再度挑戰班長的職務，只不過這次她面對了一個強勁的對手——本班的叛亂分子。兩人協商的結果是，叛亂分子當班長，熊熊當副班長。

至於其他重要的幹部，全部都是由曾經有重大問題的學生擔任，當然，這又是另一個故事了。

失蹤人口

「什麼？你帶閉突去酒店叫小姐？」我不禁大叫出聲。

「是啊！我是為了增進閉突的社會經驗。」突爸很得意的說。

閉突是班上很安靜的學生，由於過分安靜而顯得與其他同學格格不入。我輔導他一陣子了，卻都不太有進展。一次與閉突父親的談話，突爸終於卸下心防，平靜的訴說令我震驚的事……

閉突的父親曾經因為債務問題而帶著一家人躲避至大陸，這是為什麼閉突國一休學的原因，但短短不到一年的時間，突爸在大陸賺了一大筆錢，於是舉家再遷回台灣，閉突也就進入我這一班就讀。

躲債的日子並不好過。發了大財的突爸為了彌補之前小孩所受的苦，決定慰勞閉突。

突爸的獎勵是：帶小孩去酒店叫小姐。

「什麼？你帶閉突去酒店叫小姐？」我大叫出聲。

「是啊。我是為了增進閉突的社會經驗。」突爸很得意的說。

「你說叫小姐是為了增進社會經驗？」我有點抓狂了。

「當然也增進一點人生經驗啦。」突爸有點搞不清楚狀況。

「#@$%&*!」我忍不住在心底感慨。

家庭為了躲債而流浪，已嚴重損害孩子的生活及基本的就學權益，基於孩子的最佳利益與基本的就學權益，逃避債務並非長久之計，且學生長期處於流離顛沛的家庭中也常發生許多生活適應之問題，甚至可能因為自卑而難與同學相處。

親愛的，你到底在哪裡？

針對這種特殊案例，我採取不少的方法引導閉突。

我的輔導應該很成功，閉突順利的與同學打成一片，臉上也充滿了歡樂的笑容，學業更是保持在不錯的程度，只不過我絕口不提酒家這件事。

閉突能與同學相處融洽是一件好事，但慢慢的卻出現了一些怪異的狀況……國中生正值青春期，對於「性」充滿著好奇，各班學生都會以訛傳訛的談論一些奇怪的話題，但大多是出自於想像，偏偏本班有人卻有實戰經驗。

慢慢的，閉突開始被同學戲稱為「淫魔」，而他竟對此封號有著無比的驕傲。

對於這種情形，我與閉突長談了很久，閉突很給面子的開始收斂。

只不過上國文課偶爾談到某些詞彙時，閉突臉上會閃過賊賊的笑容。

前一陣子，突媽來學校幫閉突請喪假。一星期後，突媽又打電話跟我說下葬出了一些問題，所以要再多請一段日子。一轉眼過了大半個月，閉突的位子總是空的。導師覺得事情不太對勁（這一班的導師換成全國電子教師），但又苦於無法聯絡上閉突（閉突家裡面沒有電話，突爸的手機也早已停機），導師決定親自到閉突家走一趟。

閉突家大門深鎖，導師不知敲了多久的門。

隔壁一位鄰居好心的說，閉突一家人早就連夜逃跑，討債公司的人都不知來過幾回了……

再一次，因為父親的問題——全家躲債，閉突成為了中輟生。

我也開始找尋閉突的任務。

阿倫教師現呼籲市民就今年十一月一名男子失蹤的案件提供資料。

十四歲男子閉突自十一月下旬後不知所蹤。

閉突身高一百七十公分，中等身材，面型橢圓，小平頭，皮膚白皙，目前為國二學生。

任何人士如有關於此失蹤學生的消息，請盡速與阿倫或警方聯絡。

被遺忘的孩子

「但她畢竟是您的小孩，您還是可以關心一下她的近況。」

「她又不訴偶一個人的，你不會給她媽媽講喔！」

台灣社會單親家庭及外籍配偶的比率越來越高，欠債、跑路也比比皆是，這些人是我聯絡名單中常常失聯的家長。

一開始，我透過學生請家長與我聯繫，再來是聯絡他的親朋好友，當還是音訊全無時，我三不五時到學生家堵人。

就算把地球翻一遍，我也會逼得家長不得不與我聯絡。只是手機帳單貴得嚇人，而且沒有辦法申請補助。

呆妹的爸爸因為躲債而無法聯絡上，媽媽因改嫁而遠赴北部。呆妹家裡只剩一個有重聽的阿嬤，電話響也聽不到，我到呆妹家去也無法溝通。

我請呆妹打手機給呆爸，當呆爸確定不是討債公司而是導師時，我請他將我的手機號碼輸入到他的手機裡，請他以後一定要接我打給他的電話。

呆爸卻很為難的說：「啊，老蘇，你又不素不豬到偶在給他跑路說，安抓給他關心小孩。」

「可是她畢竟是您的小孩，您還是可以關心一下她的近況。」

「她又不訴偶一個人的，你不會給她媽媽講喔？」

「我會的，但畢竟您還是她爸爸。對吧？」

「對了。你素不素可以幫偶棉申請那個補助？如果申請到，要通知偶去領喔。」我隱約聽到手機那頭傳來麻將的聲音，我心裡開始出現一些會被消音的髒話。

「我是可以幫忙申請。可是您在跑路，可能不方便跟我拿，我就好人做到底，順便幫她繳錢好了。」

「……」

「呆媽啊，我是呆妹的導師……」接著我又打給呆妹的媽媽，跟她說明以後請務必接我的電話。

「這個嘛……你知道我已經改嫁了，可能不方便管這麼多。」

「呆妹到底是不是妳生的小孩？」我突然被激怒了……

半年之後，呆媽會三不五時回高雄探望她曾經遺忘的女兒。

活在幻想中

如果明天的交代事項為：

1考國文第十課　2帶水彩　3家政課到烹飪教室

鳴人可能抄的是：

1考影分身術　2帶手裡劍　3中忍選拔到木葉村

我小時候喜歡天馬行空的胡思亂想，也做過許多的白日夢，但鳴人的幻想與現實卻雜亂的交織在一起，雖然他的身體存在於現實環境之中，但內心卻是處在幻想角落裡。

在這一種混沌的模糊地帶中，鳴人表現出來的行為彷彿是馳騁在幻想的疆界

裡。例如昨天電視卡通或是漫畫出現的情節，隔天鳴人就會完全陷入在這種黑洞裡。譬如，聯絡簿上有心情雜記，鳴人寫的內容卻都與《火影忍者》脫離不了關係。

而如果明天的交代事項為：

1考國文第十課

2帶水彩

3家政課到烹飪教室

鳴人可能抄的是：

1考影分身術

2帶手裡劍

3中忍選拔到木葉村

這是為什麼鳴人永遠搞不清楚明天要帶什麼、要考什麼、要上什麼的原因。

翻開他的作文，不管是什麼題目，鳴人總有辦法用漫畫來寫。

譬如戶外教學，學校明明去的是海生館及劍湖山，他寫的卻是到砂隱忍者村及霧隱忍者村；體育課時，他一定是兩隻手往後擺著跑，據說這是標準的忍者跑步法；喝水也會把水含在嘴巴裡，然後比水龍彈的手勢，大喊一聲水遁術後到處亂吐；園遊會時一直把水球捏破，再到處跟人炫耀他已經完成螺旋丸的修行了；而他的螺旋丸，只是專門用來打男同學的「×丸」絕招；很喜歡跟人吵架，說完髒話後一定會接一句：「我一向都是有話直說的，這就是我的忍道！」鳴人的手上永遠畫滿了查克拉的符號……

其實這些都還好，我比較無法忍受的是，鳴人有嚴重破壞他人物品的傾向，舉凡粉筆、掃地用具、書本、考卷等都會支離破碎。

任何活的小生物，例如蚯蚓、蝴蝶、甲蟲，甚至是小狗，鳴人一定會想盡辦法弄死，為什麼？很簡單，卡通中不是很多主角都會一刀將壞人劈成兩半？漫畫中不是也有許多必殺技，能將敵人破壞殆盡？更不用說那些充斥殺戮的電玩了。

鳴人的父母一直對這種狀況十分苦惱，也很有心想要幫助鳴人。但是有一層障礙始終跨不過去，那就是——看醫生！

我花了半年的時間記錄鳴人的情形，有情緒異常興奮；過度的樂觀和自大妄想；膨脹的自我意識；睡眠時數減少而且不會感到疲倦；衝動、判斷力差，容易分心；莽撞的行為；滔滔不絕講個沒完且無法制止，思考或想法經常跳來跳去，有時可能還有幻覺。

在詢問過多人的意見後，得到的結果是類似躁鬱症。

我再度試圖與鳴人父母溝通。當他們問我是否應該詢問醫生的意見時，我長噓了一口氣：「就等你們這句話了。」

其實我也了解為什麼家長不願意帶孩子就醫，因為一旦帶孩子上精神科，不就承認自家小孩有精神病嗎？還好，長庚醫院有青少年心智科，聽起來就好多了。

只是沒想到需要就醫的青少年數量這麼多，總共掛了兩個多月才掛進去……

診斷出來的結果，是一種我不熟悉的病因——吐列式症候群。

目前鳴人持續在服藥中，醫生請我記錄鳴人行為的改善情形，若是有副作用則需要換藥。

服藥後的鳴人改變還滿明顯的，只不過吃藥後的鳴人會整天打嗝，而且聲音奇大卻不自知，所以目前還在嘗試新的藥物，也還在追蹤中。

坐在我身後的主任嚇得站了起來，結結巴巴的問：「什麼？妳懷孕了？」

改過銷過

正在學務處與校慶系列活動搏鬥的我，眼角閃過一個鬼鬼祟祟的影子。我馬上丟下堆積如山的工作，火速追了出去……

背著書包，正準備蹺課的是三年級的學生郁莉，一個有著一雙令人印象深刻眼睛的女學生。與她說話的瞬間，彷彿就能看到她心底無力的情緒。

聽到我的叫喊聲，郁莉並沒有加快腳步逃離，反而停了下來。

郁莉彷彿知道我要問什麼似的，她苦笑著說：「我想蹺課。」

好想蹺課喔！

面對學生，我並不太愛說教，也不太擅長說教。**我喜歡用聊天的方式，讓學生自己找到答案。**

雖然我並沒有教過郁莉，甚至連交談的印象也沒有，但郁莉眼中一點敵意也沒有，我們於是在面對校門的樓梯坐了下來。

郁莉是個非常聰穎的孩子，她可以很有條理的訴說一連串的事件與理由。在聊天時，我明顯的發現在郁莉的心中其實有兩個自己，一個是樂於享受校外花花綠綠的荒唐與頹廢，另一個是陷入現實狀況的不安與害怕。

在學校完全沒有興致，回家又不願意面對父親，為了逃避這些，導致郁莉曾經是中輟生。

「我想要念省立高職。」我很欣慰郁莉找到自己人生的答案。

「首先，妳必須先拿到畢業證書才行。」我建議郁莉。

「我想要改過銷過。」郁莉下了決定

「可以。但我必須告訴妳，我可以容許妳遲到，但絕對……」

「絕對不容許不到。」郁莉很快接著回答。

套一下阿久津老師（註：日劇《女王的教室》中的女教師）的話：「你們這些人，一有什麼不稱心的事，就怪父母不好、老師不好、朋友不好，全是別人的錯。醒醒吧，只做那樣的事，自己卻什麼也不想，就變成停止思考的人類了。」

「能想像嗎？遇上了痛苦的事，你們會做的，只是閉上眼睛，但即使閉上眼睛，問題也不會解決。睜開眼睛的時候，自身會變得越來越壞。」

「平常說什麼個人的自由，光是會主張權利，一旦覺得人權被侵犯了，就要大人來保護，也就是說，無論什麼時候都只想做孩子。」

「如果覺得不甘心的話，至少自己的人生，要由自己負起責任。」

孩子們，清醒吧。

學務處的幹事阿姨突然問我：「那個中午常常來找你的小女生是做什麼的？」

「改過銷過啊。」妳不是還幫她調出記過單嗎？

「她很乖啊，也很有禮貌，而且好像你叫她做什麼勞動服務都做得好好的。怎麼會被記過呢？」

阿姨的疑問馬上得到解答，因為有學生來通知我，郁莉今天沒有來學校……

我想到之前輔導室問我的：「你可不可以認輔郁莉？」

畢竟表面上我已突破郁莉心防，並取得她的信任了。但實際上我很清楚，郁莉之所以乖乖找我改過銷過，是因為可以省掉許多教條式的規矩，而且我的要求都是採取漸進的方式，讓學生習慣正常作息，最重要的原因，是我願意幫她改過銷過。

一旦認輔了郁莉，我就必須犧牲處理訓育組事務的時間，如果考量到大多數的學生，責任上又會覺得忽略了郁莉。

與其如此，還不如暫時協助輔導，但不實際參與認輔工作來得好。

雖然郁莉會出現間歇性的曠課，但隔天幾乎都會乖乖出現，也記得必須請假，然後很努力的把她當天該做的事做好，因為她知道，沒來就是沒來，一切的理由或是藉口都沒有用。

郁莉做好她該做的事之後，便會無辜的對我說：「老師，很抱歉昨天沒來學校，所以今天的勞動服務不算，算是抵昨天沒來的懲罰。」

所以，目前改過銷過還在持續中……

在與郁莉相處過程中，常出現好氣又好笑的狀況。

「跟你說，今天是我跟男朋友交往的紀念日。」郁莉得意的說。

「什麼紀念日？」

「就是交往最久的紀念日啊。」

「是喔。交往多久了？」

「很久了。他是我交往過最久的一個。」

「很久是多久？」

「今天就滿五個月了。很久吧？」

下次別在我喝東西的時候說，好嗎？電腦螢幕可是不防水的。

「今天是我生日。你要送我什麼禮物？」

「我為什麼要送你禮物？」

「因為我生日啊。」

就這樣，我收集的全家磁鐵硬生生少了一半。

「老師，告訴你一個好消息。」

「什麼好消息？」真難得郁莉有好消息告訴我。

「我月經來了。」

「這是哪一國的好消息？」

「那表示我沒有懷孕啊。」

坐在我身後的主任嚇得站了起來。

他結結巴巴的問：「什麼？妳懷孕了？」

「沒有。我是說我沒有懷孕。」

一時之間，學務處整個安靜下來，沒有人知道是不是該繼續追問下去。

雖然我沒有心臟病，但不代表我的心臟強壯到禁得起這種驚嚇。

我必須聯絡輔導室與護理師了……

chapter3 上課好好玩

請您不要換導師

隔天，校長請我看一張很大的卡片，上面寫著：「我們知道錯了。以前我們或許很壞，但我們保證以後會乖乖當個好學生，請您不要換導師。」

與專任老師比較起來，導師真的非常辛苦，難怪老師們都會希望當專任來喘息一下。

不過從學生的自傳亦可得知，導師通常都是影響學生最深的人。普通專任老師對學生們而言可能都是一點火花罷了，僅有導師會留下烙印。

唯有長時間與學生接觸才可以培養出深厚的默契，以及對學生的行為舉止產生正向的影響。

在學期快結束時，學務主任來找我。

「有教師推薦你到訓育組，有沒有興趣？」（訓育組，就是專門辦活動的地方，舉凡露營、社團、校刊、畢業旅行、各種典禮……等都是訓育組包辦的。）

「你確定嗎？我過去可是會惡搞的喔！」我很疑惑的問。

「你以為我們為什麼會找你。」主任微笑的回答。

就這樣，我確定下一年會接行政工作，但伴隨而來的是一個很頭痛的問題，我的班級怎麼辦？

把我調去做行政工作很簡單，但這個消息卻弄得人心惶惶，因為勢必有教師必須來接我的班級。

後母班本來就有相當的難度，更何況是一個大家敬鬼神而遠之的班級。

其實我們班很可愛啦。只是他們只服導師一人這種行為讓許多教師很感冒而已。

為了新的導師人選，學校傷透了腦筋，主任彼此間也不知商量了多久都無法解決這種情形。

這時救星出現了，一位在私立學校代過很多課的體育老師考進了我們學校。此人天生就是做生教組長的感覺，應該有辦法不會被我們班欺負到哭吧。

導師原本在八月一日就應該要交接的，但適逢暑假期間，學生的行為及情緒都比較難掌控，於是暑假期間我便一面做行政，一面接導師，等開學再請新老師當後母吧。

暑假期間，我從導師室搬到學務處。

學生平常很單純，這時卻隱約覺得哪裡不對勁，於是有人開始問我是不是會換導師，還要我發誓不會背叛他們。

「有嗎？你聽誰說的？」我整個暑假都在裝傻。

偏偏在暑期輔導快結束時，學務處的白板上陸續寫上各班導師名字。來找我的學生看著自己的班導師名字，一句話都說不出來，因為上面出現的不是我的名字。

該來的總是要面對的，躲在心裡的枷鎖不可能永遠假裝不存在。

在學生的逼問下，我第一次承認要換導師了。

其實這個時間點很不妥當，因為連續三天我都必須去研習，我擔心這群小朋友不知道會搞出什麼名堂來。

研習的前兩天一切都很順利，除了學生發簡訊告訴我：「小鯨跟代課老師起衝突，可是已經被叛亂分子和叛逆的熊熊壓下來。」大家對代課老師出乎意料的尊敬。

到了研習的最後一天，有教師打電話告訴我：「校長找你，因為學生連署求校長把導師換回來。」同一時間，我更接到家長密集的電話攻勢……

隔天，校長請我看一張很大的卡片，上面寫著：「我們知道錯了！以前我們或

強忍著淚水
其實內心在偷笑
哇哈哈哈
我終於擺脫你們這群小孩了

許很壞，但我們保證以後會乖乖當個好學生，請您不要換導師。」為了這些密密麻麻的簽名，我要終生終世的守護他們。

回到教室，我看了一眼這群親愛的學生。

我努力的控制自己的聲音，我慢慢的一句一句的說：「你們覺得墾丁的班遊好玩嗎？」

「非常好玩。」

「覺得『魔力點子』有趣嗎？」

「很有趣啊！」

「就是因為我辦的活動都還不錯，所以很多學生也想參與。我雖然不當你們的導師了，可是以後能為你們做的事情更多，你們喜歡的活動都將由我策畫。這樣不是很好嗎？」

「那我們二年級的露營，三年級的畢業旅行。你可以跟我們一起去嗎？」

「當然可以啊。訓育組的人都一定要去的。」

「耶！」全班歡呼。

「所以，**我會去做行政，不是因為你們表現不好，而是這樣才可以替更多的學生服務**。這樣了解嗎？對了，誰敢欺負新來的導師，看到那個電風扇了沒有？我就把他吊在上面轉。」

學生暫時接受我提出的理由，但家長還是有點難接受，還好家長有點弄不清楚導師與行政之間的差別。他們認為導師調去做行政，接下來就是當主任、校長、教育局官員、教育局長，最後就會當上教育部長，所以原則上我是升官了。不管再怎麼不情願，總不好阻擋人家的前途吧。

既然大多數的家長都這樣認為，我也不好說破其實導師與行政是一樣的，只是職責有點不同而已，無關於升官發財。

開學前我拿到課表。

我前任導師班的新任導師一星期只有兩節課，而我除了要教他們國文之外，還有閱讀指導，外加表演藝術課程……這、這、這比我以前當導師時待在班上的時間更多了。

當我走進那間熟悉的教室，看著那些熟悉的面孔，突然有學生說：「搞笑喔！現在更常看到你了。你當不當導師一點關係都沒有嘛！」

課堂high翻天

通常玩這個遊戲，全班都會high翻天，自然很難再有人能睡覺了。

從小唸書，我就很不喜歡學校的種種管理制度。小從整潔秩序比賽、升降旗典禮、服裝儀容檢查、上課要跟老師敬禮，大到教師的教學、體罰學生、學校校慶、長官視察等等的行政配合，我幾乎一概不遵守。

然而，當了教師之後才發現教師也有滿腹的苦水。

一堂課四十五分鐘，老師一個人要主導課堂氣氛，或是講授、或是討論，有些

教師會語重心長的告誡我要懂得「下馬威」或「會做人」，要跟學生建立「能夠控制」的關係，這樣才是會「帶學生」，才有可能生存。

但對我而言，如何讓學習變得有趣，才是最重要的。

很多教師對於學生在課堂上睡覺，內心都會有一番天人交戰。

有些會認為「學生體力不支時，要求他們醒著也只是形式」、「小睡五分鐘，學習效果會更好」，也有教師會衝動的把睡覺的學生叫起來訓話，當然也有努力的講笑話來試圖挽救此一局面的，不過常常整班都哄堂大笑，但就是喚不醒熟睡的那一、兩位同學。

以往的教育，如果要解決這種現象，不外乎「睡覺就罰站」、「睡覺就叫起來訓話」、「睡覺就扣分」，甚至是「睡覺就記過」，這種恐嚇、責罵及威脅的方式，目前的教育政策一概不予採用，所以現在的教師也只有發揮「八仙過海──各顯神通」的精神，讓學生的導師不再只有周公一人了。

我是那種自己講得很高興，而且強迫所有人都非聽不可的教師，因此我無法忍受學生在課堂上睡著。至於那種拚命對著黑板喃喃自語，而學生在下面睡成一團的教師，我是完全無法想像的。

後來我發現有一種遊戲還滿好玩的，就是所謂的抽籤。

一般而言，各班都會備有籤筒，裡面有每個學生的座號：**如果抽中某個學生的號碼，那位學生不用動，但他前後左右四位同學要迅速的起立，最慢的那個學生要負責回答問題。**

如此一來，每個學生在課堂上都必須抱持著高度的戒備，因為隨時會有狀況發生。

往往可以看到教師隨口拋出了一個問題，然後慢條斯理的抽出一個籤，這時所有學生都已四肢緊繃，預備隨時要站起來，而當某個號碼出現，就看到有人猛然站起來（當然也有太緊張而站錯的，但既然站錯，那就由他來回答了）。這個遊戲還有進階版可以玩，就是唸出號碼之後再加減乘除一下……

通常玩這個遊戲，全班都會high翻天，自然很難再有人能睡覺了。

最愉快的處罰——苦瓜汁

「老師，考過的想喝可以嗎？」一堆同學竟然擔心喝不到。

「這是處罰耶！怎麼這麼多人在預約啊？」

我相信學生擁有無限的潛能，譬如測驗，最後絕對可以達到預定的標準，但如果一開始規定只要六十分，他們就會很夠義氣的也只考六十分，而如果標準不斷往上增加，要全班都達到滿分也是曾經出現過的事情。

說穿了，這些學生並非愚笨，完完全全都只是懶散而已。

為了激勵學生，許多老師便激發出許多很有創意的獎勵與懲罰，例如有老師會煮蛋包飯獎勵學生。

期中考前，我發了一份總整理。我希望學生能夠好好的複習，在發預習卷時，我還不忘嘟囔：「你們很奇怪耶！明明就先發回去給你們先找答案，但總是有人不願一次就通過，哪有人這樣吃不了苦的？」

突然下面冒出一句：「吃不了苦，就吃苦瓜練習好了。」

「好建議。不然下星期沒有通過標準的，就請他喝苦瓜汁。俗話說：吃得苦中苦，方為人上人。而且苦瓜的維生素含量豐富，在這樣熱的天氣裡，苦瓜汁是一種很有效的解熱劑，不但避免虛火上升，甚至臉上長一堆痘痘的同學，苦瓜汁還可以清濕毒呢。」

我突然覺得這個處罰很有趣。

「老師，要買綠色那種，那種比較苦。」有學生建議。

「那種苦瓜不太好買吧。」我記得山苦瓜不是很好買。

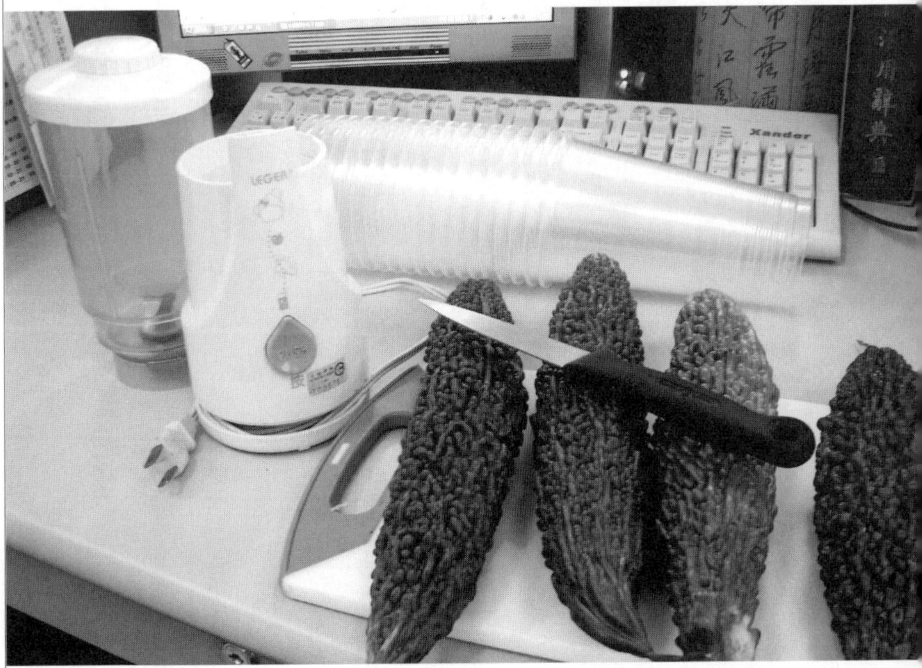
Xander

「你是不會去傳統市場喔。傳統市場都嘛有在賣。」

「好啦！」反正回家時會經過傳統市場，我再順便去買好了。

「老師，可不可以加冰塊？」一個很天真無邪的聲音問道。

「當然不行啊。」

「老師，那加蜂蜜呢？」另一個更天真無邪的聲音接著問。

「廢話，當然也不行啊，你當我是泡沫紅茶攤喔。」

「老師，考過的想喝可以嗎？」一堆同學竟然擔心喝不到。

「這是處罰耶，怎麼這麼多人在預約啊！」我好像造成了反效果。

「不管啦，你已經說了，所以你要去買苦瓜才行！」

「那我幹嘛要花錢來處罰你們啊？」這群孩子真是皮癢，臉上竟然出現非喝到不可的表情。

「哎呀，考不到標準的人喝是處罰，可是對考過標準的人卻是獎勵啊。」

「為什麼？」

「是你說苦瓜汁可以清痘痘啊。」

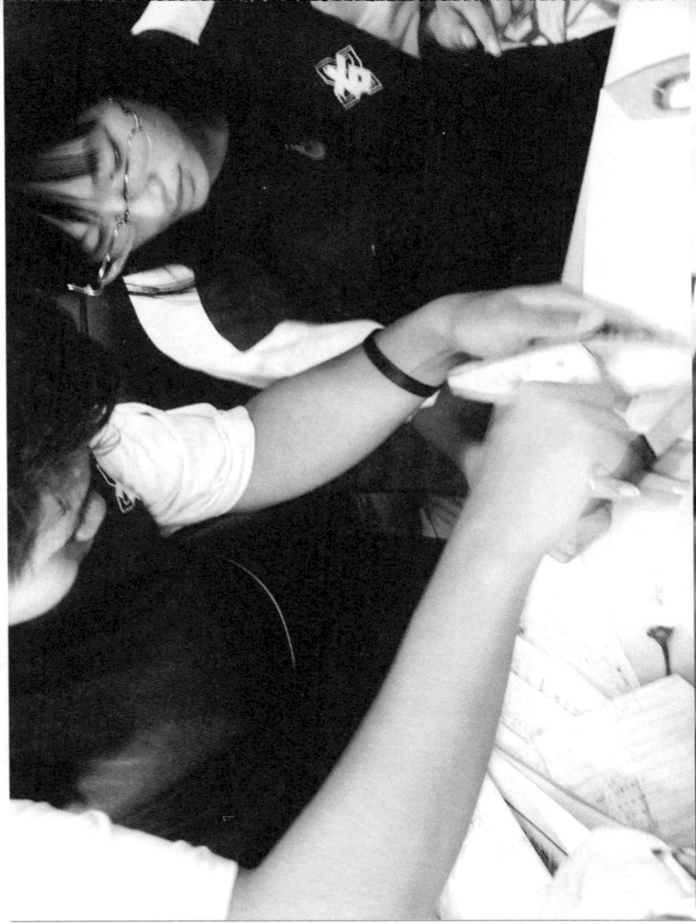

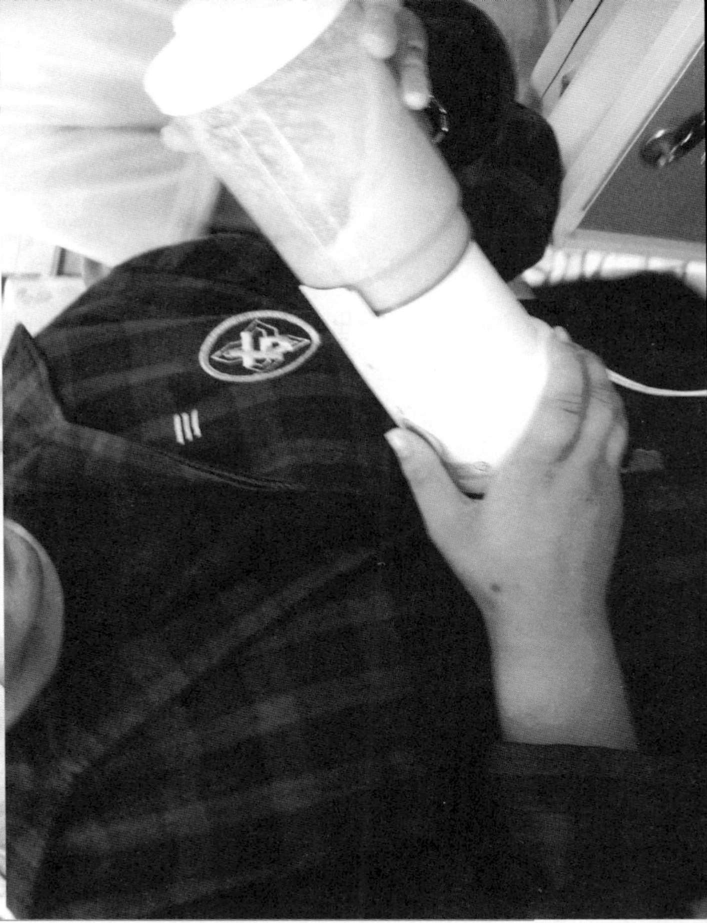

原來如此。

為了不讓學生失望，我特意到市場買了四條巨型山苦瓜，而且還專挑型體正直、結實且果面珍珠瘤粒很大的，然後備齊菜刀、砧板、冰涼的礦泉水、七百五十西西的塑膠杯，以及貴婦人果汁機一台，剩下的就等著招待學生了。

時間一到，幾乎全班都擠進了學務處。

有學生自願洗苦瓜，有學生自願切、有學生自願打汁、有學生自願裝杯，還有學生自願試喝的。

試喝的結論是：「好像不會苦耶，反而好像很甘甜。」

學生為了增加苦味，竟然瓤也不挖、籽也不去了，但依舊不是很滿意，於是苦瓜汁漸漸成為了苦瓜泥。

望著一杯杯怎麼看都不覺得會好喝的綠色液體，再對照學生興高采烈的搶著喝苦瓜汁，我實在搞不清楚究竟苦瓜汁有什麼好喝的。

這時有個好心的學生為了解除我心中的疑惑，很貼心的遞上了一杯現打的果汁。為了回應學生的好意，我很捧場的喝了很大的一口，苦味混雜著強烈的草味從嘴裡瞬間爆開，但我還是硬生生的把那口黏糊糊的濃稠液體給吞下肚。

我慢慢的喝著那杯已經稱不上是苦瓜汁的苦瓜泥，一邊很納悶的說：「你們這杯是特調嗎？竟然直接給我丟苦瓜塊。」

到底是誰在處罰誰呀？

學生對於苦瓜汁不是很滿意，認為完全不夠苦，這樣對清痘痘的功效不大。

深感愧疚的我只好尋求比苦瓜汁更苦的東西。
於是，隔天辦公桌上出現了三罐……
苦茶。

不會飛翔的翅膀

新進教師問我：「為什麼女學生會跟你要衛生棉？」

「因為他們知道我有啊。」

「他們應該跟女老師借吧。你是男老師，為什麼你抽屜裡面會準備？」

一位女學生驚慌失措的衝進學務處，一面跑還一面大聲嚷嚷：「阿倫老師，借我一塊衛生棉。」

旁邊的新進教師聽到，差點沒把下巴掉下來。

等學生離開後，忍不住問我：「為什麼女學生會跟你要衛生棉？」

「因為他們知道我有啊。」這有什麼好問的。

「她們應該跟女老師借吧。你是男老師，為什麼你抽屜裡面會準備？」

這讓我想起第一年到學校的情形。新進教師通常都必須要接導師，這幾乎是每個學校不成文的規定。

當我正努力準備班級生活必需品時，身旁的資深女教師問我：「需不需要我去幫你買衛生棉？」

剛聽到時，我以為她在問其他老師，等到發覺是在對我說話時，不禁納悶起來：「該不會以為我是女生吧？」

資深女教師看我一臉狐疑，便解釋：「女學生有時會跟導師借衛生棉，所以要先準備好。」

當時我的認知是：見鬼了，哪個女生會來跟男生借這種東西。

時間往往能夠證明一切，我就這樣活見鬼的還必須再出去補貨。

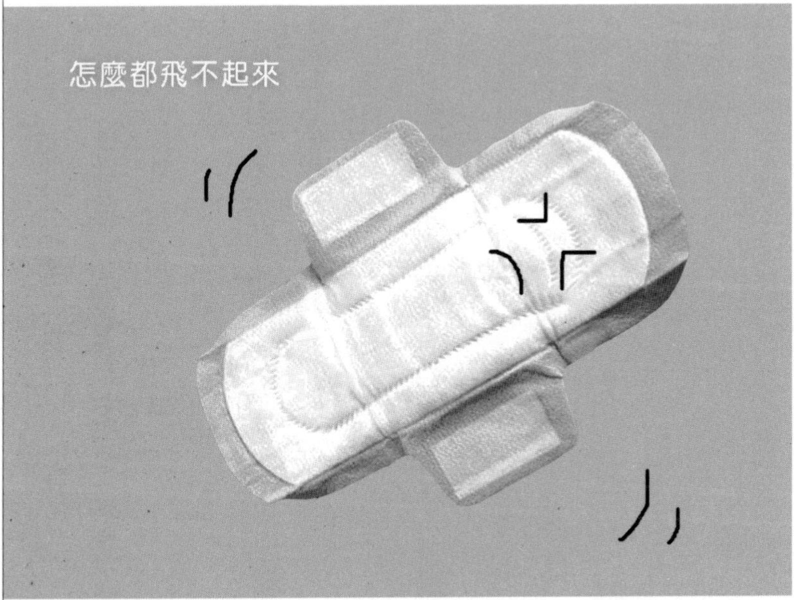

這種借衛生棉的盛況讓我不禁想問：「妳們該不會是貪小便宜吧。認為我這邊有免費的就拚命用。為什麼不請父母親幫妳們買？」

「絕對不可以讓父母親知道。」學生很堅決的告訴我。

「為什麼？難道妳父母親會罵妳們？」

「是因為如果她們知道我們月經來，就會燉一大堆的補品。這些補品都超級難喝的，有些還很噁心耶。」女學生們彷彿有共同的痛苦，紛紛開始抱怨補品有多難喝。

於是，我就成為她們的衛生棉供應商了。

只是我也一直很納悶，難道小孩子整年都不需要使用衛生棉，做家長的都不會覺得很詭異嗎？

還有，就不能燉一些好喝一點的補品嗎？不然我已經快成為買衛生棉的大戶了。如果有衛生棉廠商看到這篇文章，麻煩請提供我一年份。好嗎？

打地鼠

學生說：「因為好像很好玩，所以想睡著讓你打打看，可是越是想讓你打，結果就越睡不著……」

由於受到強烈大陸冷氣團南下影響，寒流籠罩全台，各地氣溫像溜滑梯般快速下降。全台灣從晚間開始，就出現低溫和短暫雨的情形，而且氣溫會持續下探。

今天上課時，學生的反應不怎麼熱絡，這是很難得的情況，原因跟鋒面報到有密切的關係。

這幾天都很冷，尤其是早上起床時更感覺到氣溫降了很多，但這種溫度實在很適合睡覺，偏偏我是那種自己講得很高興，而且強迫所有人都非聽不可的教師（我這樣賣力的表演，當然要給我很用力的捧場）。

學生雖然在我的淫威下不敢睡覺，但是聽著聽著眼皮就開始不聽話了起來，於是我必須很忙碌的喚醒不少的睡美人。

這樣拚命叫學生起床也不是個好方法，剛好前幾天的園遊會有班級在賣巨型的充氣槌子，於是我就扛了一把上課去。

一路上，各班學生都對我報以熱烈的掌聲，因為模樣還滿有趣的。

到了班上，我大聲的宣佈：「誰等一下睡著，我就跟他玩打地鼠的遊戲。」

結果出乎意料，一整節課沒有半個學生睡著。

我納悶起來，臨下課前問班上同學：「這槌子打到又不會痛，怎麼沒有人敢睡覺？」

一位學生解答了我的疑惑，他說：「因為好像很好玩，所以想睡著讓你打打看，可是越是想讓你打，結果就越睡不著……」

尊師重道

學生的表現方式跟我們想像的往往很不同。

很多教師都會感嘆現在的學生根本不懂得何謂尊師重道。
其實還好。
我們班的學生會請我吃很多他們不想吃的水果；
見到我時，也會很熱情的跟我用中指打招呼；
甚至出去玩的時候也會怕我餓到，
幫我添了好大好大好大的一碗飯，
上面還有加菜耶。

譬如辣椒、蒜頭、雞骨頭等等，
而且還怕我找不到筷子，所以特地插在上面。

你看，
誰說小孩子不懂的。
他們只是表現方式跟我們想像的很不同而已。

國文課好好玩

無論如何，學生認為乩童是「廟會發瘋的兒童」，感覺上真的是皮在癢。

記得我以前讀國中時，國文的解釋必須背到與課本一模一樣，連標點符號都不能錯，但當我一字不漏的背解釋、背課文之後，我認為國文一點都不好玩。

國文，究竟要不要背解釋？其實要視學生的程度來決定。

對於基礎的學習階段，背誦或許有其必要性，完全捨棄背誦的方式未免太過偏激，而這也只是個理想，理想與現實通常有很大一段距離，尤其在升學主義瀰漫的台灣校園裡，國文教學的時數明顯不足，一方面要進行語文能力的培養，另一方面又要提升學生情意的涵養。背誦或許是很無趣的有效捷徑。

我不是很喜歡學生死背解釋，但如果詞句的意思都不明瞭，對於課文的理解就會有困難，因此**遇到需要解釋的詞語，我就會讓學生一直推演出答案**。

這種方式的優點是印象深刻，也比較不容易忘記，畢竟是一步步推出來的；缺點是由於國中生的文學底子還未十分完善，總是丟三落四，甚至出現許多天馬行空的答案。

譬如課本裡有一個詞語叫做「乩童」，也就是專門替人求神占卜的人。

學生在推演的過程中，往往可以順利的推出「求神問卜的人」，而「求神占卜」跟「求神問卜」在意思上應該可以畫上等號，因此也就不用太計較。

但如果學生就這樣當作答案，卻是忽略了十分重要的關鍵字眼，因為所謂的「乩童」，並非「求神占卜的人」，而是「專門替人求神占卜的人」，如此便差了

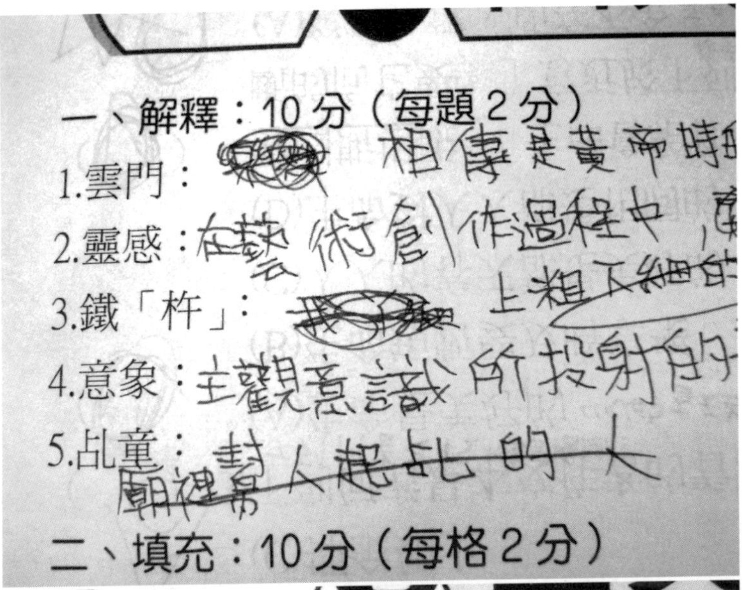
一、解釋：10分（每題2分）

1.雲門：相傳是黃帝時

2.靈感：在藝術創作過程中，

3.鐵「杵」：上粗下細的

4.意象：主觀意識所投射的

5.乩童：廟裡幫人起乩的人

二、填充：10分（每格2分）

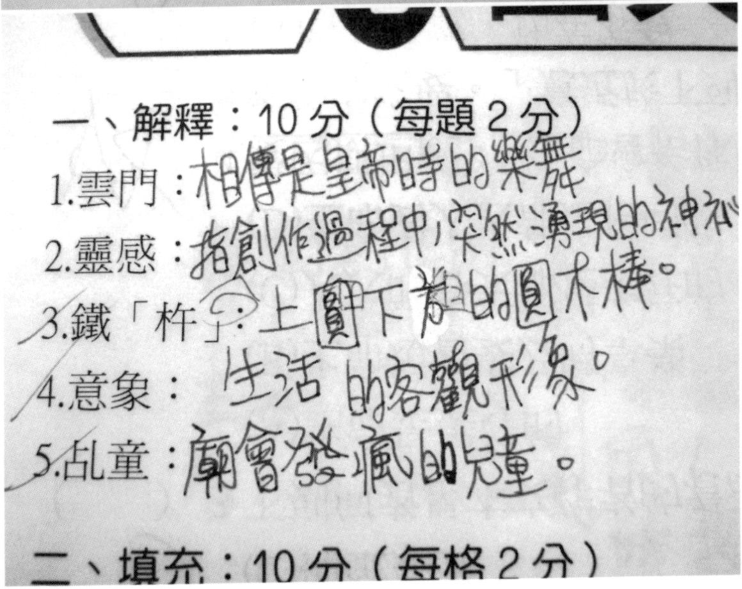
一、解釋：10分（每題2分）

1.雲門：相傳是皇帝時的樂舞

2.靈感：指創作過程中，突然湧現的神祕

3.鐵「杵」：上圓下粗的圓木棒。

4.意象：生活的客觀形象。

5.乩童：廟會發瘋的兒童。

二、填充：10分（每格2分）

十萬八千里。

而寫乩童是「廟裡幫人起乩的人」，雖然答案錯誤，但我可以懂學生的意思。

無論如何，認為乩童是「廟會發瘋的兒童」，感覺上是皮在癢。

這個皮癢的小孩，你就不要去廟裡面拜拜。

還有，千萬不要告訴別人你的國文老師就是我。

機會教育

「嗚呼是什麼?」一個好奇的學生發問。

「嗚呼是感嘆詞的一種。或作『於乎』、『於戲』、『烏乎』、『烏呼』、『烏虖』、『嗚虖』，欸!不要岔題，現在開始考試。」

學校旁邊有一塊很大的空地，一個月總會有一、兩次搭起藍白色的布篷，中間只有隔著白布做成的帷堂和闔扉，四周則擺滿了用罐頭堆砌成的敬輓，往生者就在裡面等待出殯。

雖說人鬼殊途，古來皆然。不過，當學生早自修在掃地時，家屬也在做清潔工作；當學校升旗放國歌，電子花車、孝女白琴也在高歌；教師在課堂上用麥克風諄諄教誨，「師公頭」也不甘示弱透過麥克風說：「跪……拜……」指揮著所有人完成禮儀。學生依照班級進入禮堂，「孝女白琴」或「五子哭墓」一把鼻涕、一把眼淚，跪著爬進靈堂……

不過，學生及教師從來就不曾埋怨過，畢竟「亡者為大」。

「維！中華民國九十四年歲次九月三十日之良辰。」

「嗯！今天是個適合考試的好日子。」

「陽愚孝女婿曹使仁，謹以素禮、果品香燭金帛之儀致祭于母　謝老太夫人，代大母享壽七十有六齡。」

「把課本收起來，我們要考第三課複習考。」

「母　謝老太夫人尊我岳母大人之柩前曰：嗚呼。」

（一陣伊伊嗚嗚的南管樂）

「老師，很吵耶！這樣怎麼考試？」

「你們平常唸書都可以聽MP3了。你就當它是搖頭樂嘛！」

「嗚呼是什麼？」一個好奇的學生發問。

「嗚呼是感嘆詞的一種。或作『於乎』、『於戲』、『烏乎』、『烏呼』、『烏虖』、『嗚虖』，欸！不要岔題，現在開始考試。」

「惟我岳母大人、而今已矣、溘然長逝、永念繫思。」

「老師，誰死啦？」突然有學生又冒出一句來。

「曹使仁的岳母啦。」好像不太對，現在是考試時間耶。

「曹使仁又是誰？」又有學生提問。

「就是謝老夫人的女婿。」我還是習慣每問必答。

「謝老夫人又是誰？」你們到底要不要考試啊？

「謝老夫人就是現在躺在棺材裡的那位，可以了嗎……坐在兩邊的同學，麻煩把窗子關起來，然後請繼續作答……」

「……相夫教子、斷杼下機、愛我惜我、如蜜如飴、子緣娶婦、待弄孫兒……」

「老師，什麼斷雞雞啊？」

「你們到底在想什麼啊？人家明明唸得是斷杼下機，意思等考完試再告訴你們。」

「……南極星沉、蘭摧蕙折、登仙羽化、抱恨千古、永別分離……」

「奇怪，應該是駕返瑤池吧。南極星沉是老年男喪用的，還有七十多歲的老太太怎麼會用蘭摧蕙折，那是少女專用的詞耶。」

「厚！老師你自己還不是在聽！」

收考卷時，學生紛紛大叫嗚呼，抗議受到干擾。

這時喪家彷彿聽到學生的不滿，奏起了輓歌以示歉意。

至於這次考試班上的成績呢？

別提了，師公頭在憑弔謝老夫人時，順便也幫班上下好了結論：「嗚呼哀哉伏帷。」

「尚饗！」

義肢

他慌忙把假陽具丟給其他男同學，然而誰都不願意接下這個燙手的山芋。

暑期班上國文課時，突然底下一陣騷動，原來有個學生拿出一根自製的假陽具把玩。

正值青春期的學生愛開黃腔，這種現象實在算不上什麼大問題，但這次竟然實體化（工藝老師應該要感到很欣慰，因為製作得十分精美）。

看著學生沾沾自喜來引起女生注意的模樣，我決定給點顏色瞧瞧。

「請勿在本人上課時把義肢拿出來。」我頭也不抬的說道。

接著我又說：「所謂的義肢便是一種人工肢體，裝置於截肢病人的殘肢上，以改善功能，也就是說，會拿哪一種義肢，基本上就是因為他缺少了該器官。」

班上女生這時不屑的撇嘴嘟囔：「而且還做這麼大一支。」

「沒辦法，知道什麼是補償心態嗎？補償心態是一種心理適應的機能，如果某個人有所缺憾，為了克服這些缺憾，往往會從心理方面力求得到補償，因此，自卑感愈重的人，尋求補償的願望也就愈大。也就是說，原本雞雞越小的人，那裝義肢時就會做得越大。」

死小孩！上課竟然拿假陽具出來玩

原本洋洋得意的學生臉部表情開始糾結、扭曲。

他慌忙把假陽具丟給其他男同學，然而誰都不願意接下這個燙手的山芋。

「這位同學，請你不要隨意丟棄自己的義肢。我相信這個班級絕對不會歧視殘障同胞的……」說完後，學生瞬間被K．O．，之後假陽具就憑空從人間蒸發了。

Round one

阿倫教師VS.學生

阿倫教師：**勝**！

火星捎來的歉意

老師：

今天抱歉（拍謝）啦！

我不是故意要對您發脾氣的！

上課時有學生趴在桌子上，我關切了一下，沒想到對方不悅。禮拜一的大清早，我實在不想搞壞自己情緒，只淡淡的說了一句：「現在學生比老師還要有個性。」

放學回家後，我看到留言板上有一篇火星人的道歉：

ㄌㄠˇ ㄕ：

ㄐㄧㄣ ㄊㄧㄢ ㄆㄞˋ ㄒㄧㄝˋ ㄉㄚ！

ㄨㄛˇ ㄅㄨˊ ㄕˋ ㄍㄨˋ ㄧˋ ㄧㄠˋ ㄉㄨㄟˋ ㄋㄧㄣˊ ㄈㄚ ㄆㄧˊ ㄑㄧˋ ˙ㄉㄜ！

ㄧㄣ ㄨㄟˋ ㄧㄡˇ ㄨㄢ ㄐㄧㄚ ㄇㄧㄝ！

ㄉㄨㄟˋ ㄅㄨˋ ㄑㄧˇ ㄇㄧㄝ！

ㄎㄡˇ ㄑㄧˋ ㄅㄨˋ ㄏㄠˇ；

ㄨㄛˇ ㄘㄨㄛˋ ˙ㄉㄜ！

ㄏㄜ……

ㄎㄢˋ ㄅㄨˋ ㄉㄨㄥˇ ㄨㄛˇ ㄗㄞˋ ㄈㄢ ㄧˋ！

ㄙㄨㄢ～～～

翻譯如下：

老師：

今天抱歉（拍謝）啦！

我不是故意要對您發脾氣的！

因為又吵架（彎家）了啦！

對不起啦！

口氣不好；

我錯了！

呵……

看不懂我再翻譯！

逃～～～

宇宙無敵帥老師的回覆：

ㄏㄠˇ ㄅㄞˋ

ㄨㄛˇ ㄐㄧㄡˋ ㄓㄢˋ ㄕˊ ㄩㄢˊ ㄌㄧㄤˋ ㄋㄧˇ ㄧ ㄘˋ

ㄒㄧㄚˋ ㄘˋ ㄧㄠˋ ㄓㄨㄢㄒㄧㄣ ㄕㄤˋ ㄎㄜˋ

ㄐㄧㄚ ㄧㄡˊ ㄅㄞˋ

這篇還有下文呢：

ㄐㄧㄣㄊㄧㄢ ㄎㄢˋ ㄉㄠˋ ㄊㄚ ㄏㄜˊ ㄧ ˙ㄍㄜ ㄨㄛˇ ㄖㄣˋ ㄕˋ ˙ㄉㄜ ㄧ ˙ㄍㄜ

ㄒㄩㄝˊㄐㄧㄝˇ ㄗㄞˋ ㄨㄢˊ！

ㄊㄚ ㄓㄨㄚ ㄋㄚˋ ˙ㄍㄜ ㄋㄩˇ ㄕㄥ ㄕㄥ ˙ㄉㄜ ㄊㄡˊ！

ㄓㄜˋ ˙ㄍㄜ ㄋㄩˇ ㄕㄥ ㄅㄠˋ ㄓㄨˋ ㄊㄚ！

~"~

ㄙㄨㄛˇ ㄧˇ ㄐㄧㄣㄊㄧㄢ ㄘㄞˊ ㄓˇ ㄧㄡˇ ㄨㄛˇ ㄧ ˙ㄍㄜ！

我的回應：

ㄕˋ ㄛ

ㄊㄚ ㄐㄧㄥˋ ㄖㄢˊ ㄍㄢˇ ㄏㄨㄚ ㄒㄧㄣ

ㄍㄞ ㄓㄨㄚ ㄑㄧˇ ㄌㄞˊ ㄉㄚˇ ㄆㄧˋ ㄆㄧˋ

打招呼

我在樓梯間遇到不停問候我的學生。

我問他：「你們為什麼那麼喜歡跟我打招呼啊？」

「因為好玩啊！」

行政人員必須輪流值週，任務是早上站在校門口跟學生微笑問好，下午擔任交通導護保障學生安全。

下午站導護時，身旁往往有許多家長等著接學生放學，或許是等得很無聊吧，常常覺得有許多目光在我身上打量。

正當我被盯到不太自在時，一位媽媽走過來對我說：「老蘇啊（我明明就是阿

要有禮貌喔！

倫，常常都要被改姓蘇），偶發現學生都麻會來跟你怕秋呼，不像其他老師這邊，學生都給他直直駛過去，學生粉喜歡你喔。」

感覺上學生似乎特別喜歡跟我打招呼，當許多人都在抱怨這群孩子沒禮貌時，我反而覺得這群小孩子太喜歡問好了一點。

剛好在樓梯間遇到不停問候的學生，於是抓過來問一下：「你們為什麼那麼喜歡跟我打招呼啊？」

「因為好玩啊！」

「打招呼有什麼好玩的？」

「因為你都會有反應啊。叫你帥哥你就會裝man，叫你美女你就會裝娘，反正很好玩啦。」

「喔！」原來我在學生心目中，地位大概跟玩具差不多吧。

我又另外找了學生來問一下，得到了不同的答案：「因為以前都是你先打招呼的，害得大家都很不好意思，所以遇到你都會趕緊先打招呼。」

記得以前小時候，父母總會要求我們遇見人必須打招呼，看來我已經養成習慣了。

接下來的答案比較深得我心：「因為你帥啊！」

哇哈哈哈！

打招呼是件好事啦。但下次在廁所裡面，記得不要再這樣多禮了吧。

如何與孩子溝通？

火星文獨屬於青少年嗎？但我每天都要回覆這樣的留言。

我常常面對留言板發呆，因為學生常常用英文、數字、符號、替代的文字留言，我也努力的學習使用這些火星文，不過我常常告誡學生不要玩得太過分了，作業、聯絡簿、作文及週記上絕對不可以這樣子……

節錄一段學生與我在留言板上的對話（為了不讓看倌們心臟無力，找一段初級者適用的），看看能夠理解多少？

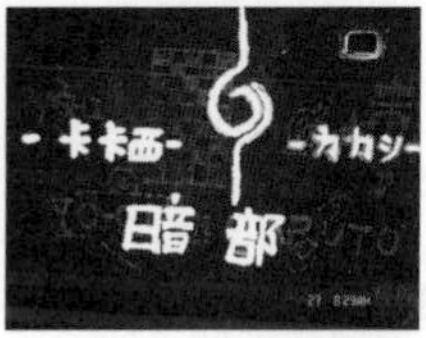

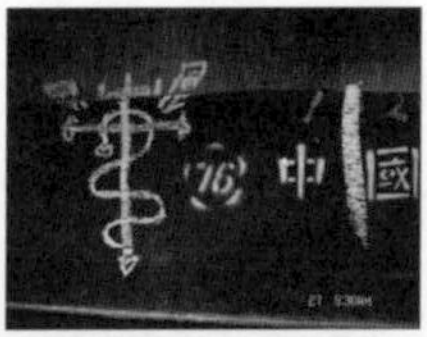

有時我真的很同情現代的小孩
不會玩　也不會搗蛋　連作怪都很沒創意

＃叛逆〃〃熊熊〃☆：

討厭死ㄖ！

除ㄖ課業上ㄉ4情！

泥u能和窩縮啥辣？

父母嘟4醬ㄗㄉ逆？！

只會要求功課啥ㄉ！

＼／

電腦電腦！！！

嘟只費用這咕乃威脅窩！

實在4混．．．＊！

硍硍硍！

87死ㄖ／＼

滿肚ㄗ怨氣！

發洩玩ㄖ！

爽！

呼～～～

老ㄕ抱歉ㄖ嘿！

煩．．．．

宇宙無敵帥老師：

唉

如果尼作文都這樣寫

偶可能費狂吐鮮血吧

阿　尼功課又不差

幹嘛這麼反感
加油啦
功課好
又有電腦玩
不才是最好的嗎
……不要在我留言板上罵髒話
硍

#叛逆〝熊熊〞☆：
＝０＝
也揪4縮

窩ㄎ已用窩斗文章乃殺輪囉？！

金利害！

＝＝！

ㄆ謝辣ㄧㄧ＋

撲費u髒話ㄖ搭！

嘟4混乾淨斗！

嘻！．．．

宇宙無敵帥老師：

嗯嗯嗯

火星人的科技很高

殺人都不用武器的

只要寫一大堆外星話
地球人要想很久
自然就會想到腦血管爆裂
狂吐鮮血而死
厲害吧

大致上每天我都需要回覆這樣的留言，而我的官方說法是：地球很危險，趕快回火星吧。

起乩

心急如焚的阿嬤這時才鬆了一口氣，但當她正努力幫孫女搓背揉肩時，孫女卻突然眼露凶光的對著祖母罵了起來……

下午有學生帶著一對老夫婦慌慌張張的跑來找我，不停的喊：「不好了，不好了，他們的孫女在教室『起乩』了。」

當我來到出事學生面前，發現這個學生單手撐坐在位子上，腦袋瓜不停的左右搖晃著，嘴裡不斷的念念有詞，我這才明白學生口中的「起乩」是怎麼一回事。

我雖然處理過不少稀奇古怪的學生問題，但遇到上課上到一半突然被上身可是頭一遭。

我當下要求所有學生將門窗緊閉，再將所有窗簾拉上，避免到時候聚集太多的好事者來湊熱鬧。

起乩同學的死黨告知我有法師會處理這種事，於是，一方面請這位同學的好友聯絡會處理的法師，一方面請導師先將受到驚嚇的同學帶往他處安置……

幾個好友輪番敘述她最近被上身的情況，據說通常都很快就會回復，但今天不知為什麼，遲遲無法順利退駕。

此時教室門口出現了一位常到校園裡遊蕩的年輕人，據說他可以讓「流氓太子」上身。

我問：「你可以處理？」

「可以。」

「上。」我點頭說道。

結果年輕人嘰哩呱啦跟起乩的學生對話之後，竟然跟我說：「她是『流氓觀音』上身。」

啊？怎麼神佛前面都有「流氓」二字啊。

「『流氓觀音』是一位流氓改邪歸正後成為觀音？還是觀音改行跑去當流氓？」我問。

「……」

我接著又問：「你不是說可以處理嗎？」

「她是『流氓觀音』上身耶，我的是『流氓太子』而已。」

「那你不會請『流氓佛祖』上身喔，那不就大過她了？」我快要被流氓訓育組長上身了。

「沒有『流氓佛祖』啦。」

「那你不會請『關公』來喔。」

「我只能請『流氓太子』啦。」

折騰了好一會兒，突然一陣大喊，被上身的學生突然虛虛的癱在椅子上。

心急如焚的阿嬤這時才鬆了一口氣，但當她正努力幫孫女搓背揉肩時，孫女卻突然眼露凶光的對著祖母罵了起來……

我對著前來處理的年輕人問道：「現在講話的是『流氓觀音』？還是學生本

人？」

「現在是本人。」

「好。既然是本人，那就表示我可以開始溝通了。」

「妳怎麼不想想自己的祖母年紀有多大了，害老人家擔心成這樣不說，怎麼一開口就罵人……」

我話還沒說完，這傢伙竟然又被上身了……

後來又來了一位據說法力更為高強的年輕小夥子，雖然說有辦法，但東喬西弄的也不見有什麼改善。

這時明燈生教組長終於開口了：「這樣下去也不是個辦法，乾脆打電話叫救護車，打上一針就乖了。如果掙扎的話就用束縛衣綁上車好了。」

話才說完，這位同學突然又退駕了，接著便自己叫了一輛計程車，乖乖的跟著阿公阿嬤回家去了……

看來我們明燈生教才是法力最強的高人！

事後有不少人問我們：「她到底是真的？還是裝的？」乩童起乩的一些現象，不是我們這些凡夫俗子可以解開的謎，而在許多國家的風俗民情裡，都可見到此種附身之現象，因此是真是假，我們也不敢妄加論斷，畢竟恐老夫子曾經告誡我們：「敬鬼神而遠之」。

但是我還是搞不懂一件事：「流氓觀音」與「流氓太子」究竟是何許神佛也？

上課好好玩

感覺戴去上課應該會很好玩。
果然，學生看到我的裝扮，興奮的要求合照。

學校最近的跑馬燈被一名無聊人士竄改，上面有一則奇怪的訊息：近日校園出現了一隻耶誕馴鹿，如有發現者，請稱他為宇宙無敵超級大帥倫。

跑馬燈一直都是我的玩具，

馴鹿認真工作中

由於一般人根本不會注意觀看上面傳達的訊息，因此我常在上面寫一些五四三。

偶爾我也會給它公器私用一下，譬如這次的耶誕節……

距離耶誕節只剩下十多天的時間，不少商家已展開佈置工作，而聖誕燈飾早於各主要街區閃耀。

走進文具店買東西時，各類禮品、卡片、裝飾品等應節產品琳琅滿目。我發現許多很便宜的小飾物，如閃燈襟章、魔法棒、一頂十元的聖誕老公公帽也紛紛出籠，到處充滿著歡樂熱鬧的氣氛。

感覺戴去上課應該會很好玩，我隨便挑了幾樣。

就像跑馬燈所說的，校園裡就可以看到一個戴著馴鹿頭飾的老師跑來跑去。

學生興奮的拿起手機要求合照，當然，也有一些死皮賴臉的學生吵著要禮物。

「我是馴鹿耶！發禮物是聖誕老公公的事。」

「那你為什麼不穿聖誕老公公的衣服？」

「你有看過營養不良的聖誕老公公嗎？我比較適合演馴鹿啦！」

教師卡

我打開一看，發現這些小朋友真是天才。卡片裡面貼著密密麻麻的便利貼，感覺十分別緻。

教師節到了，許多人紛紛祝福教師節快樂，但現代的老師快樂嗎？調查顯示國內每兩個老師就有一個不快樂，原因主要來自於教育政策不穩定及行政負擔沉重。

至於我是快樂，還是不快樂？套句老婆大人說的：「你根本就是每天去學校玩的。」

所以我應該是屬於快樂的那一個。

教師節不免會收到鮮花或卡片，甚至是親手做的小禮物，教師們都會感覺非常欣慰。雖然每天都可以和學生們互動，只不過在教師節當天，師生間的互動有著另一層的意義。

我在教師節前夕接過一通電話，學生劈頭就問：「你喜歡大張的卡片？還是小張的卡片？」

這種沒頭沒腦的問法，完全搞不清楚狀況的我問：「有什麼差別啊？」

「有啊，大張的卡片比較貴耶！」

「……」面對這種可愛單純卻又老實的答案，一時之間，我也不知該如何回話了。

「快說啦，你到底喜歡哪一種啦，電話費很貴耶！」

「如果要省錢的話，那乾脆用便條紙寫一寫最省錢。」

「OK！」

面對這種無厘頭的教師節預告，我簡直笑翻了。

老婆大人知道後，微笑著說：「聽到這種對話，大概只有你會覺得學生很可愛而不生氣吧。」

是啊，你不覺得他們單純得很直接嗎？

隔天，我果然收到一份很特別的教師卡。

學生拿來時還忍不住抱怨：「你的要求很奇怪耶！害我們做得半死，但做完覺得還滿好看的！」

我打開一看，發現這些小朋友真是天才。卡片裡面貼著密密麻麻的便利貼，感覺十分別緻，但我心裡面卻開始嘮叨，枉費我是你們的國文老師，連「乾脆用便條紙寫一寫最省錢」的意思也不懂，竟然直接照字面上翻譯。

但由於卡片實在是太特別了，所以我得意的到處跟同事炫耀。光是跟同事炫耀還不夠過癮，我又特地帶回家中向老婆大人獻寶一番。

果然是什麼樣的教師就會教出什麼樣的學生！

單細胞生物

「喔，要打架啊，那我找一個場地給你們好了。」

「真的嗎？」學生突然變得十分興奮。

暑期輔導下課鐘響起，我正從視聽教室走了出來，就聽到一年級小朋友正在彼此嗆聲，感覺上即將看到《亂Online》的真人版上演。

「你們在幹什麼啊？」我一副天真無邪的表情問道。

「沒、沒有啊，我們只是在抬槓。」學生明顯受到了驚嚇。

「是喔，不是在嗆聲要打架喔？」

「本來是要打的，可是看到你就不能打了。」

「喔，要打架啊，那我找一個場地給你們好了。」

「真的嗎？」學生突然變得十分興奮。

「是啊，每次都只會互相嗆聲，要不然就是打半天沒有半個人受傷，這次非得給我分出勝負不可，但是只限定是單挑，不可以圍毆，沒有打到流血不可以停止。」我很正經的說。

「可是打架會被你記過。」有學生竟然還抽空想到這一點。

「喔，我不會記你們過，但是打輸的人會被我再扁一頓。」

「啊？打輸還要被你打喔？」

「當然啊，要打架還敢給我打輸，這種人當然要修理啊。」

「那打贏的有什麼好處？」

「打贏的好處就是，我會打電話給生教組長，請他上來修理打贏的人。」

「這樣怎麼會是好處？」

「當然是好處啊。打輸的被我扁會進加護病房，打贏的被生教扁，只會進急診室，當然是比較好啊。但是你們放心，我跟生教組長一定會負起責任，我們保證會買水果去探望你們的。」

「那打架一點好處也沒有嘛。」學生開始紛紛抱怨。

「廢話，你認為打架有好處嗎？」我開罵了。

「那沒有好處，幹嘛我們要去做啊？」

「我怎麼知道你們為什麼要去做啊？」

「哼，我們才不做沒好處的事呢。」一群人就這樣很聰明的離開了。

發紅包

發紅包時，我請學生加說一句吉祥話，於是恭喜發財、萬事如意、早生貴子都出籠了。

也不知哪個寶貝說了一句：「祝你出淤泥而不染。」好吧，這也算是一種吉祥話。

隨著期末考結束，接著要過年了，因為大家的感情很不錯，於是我提前發紅包給學生，希望把祝願和好運帶給他們，當然，我最大的用意只是要讓孩子們開心而已。

紅包裝多少錢並不是重點，最主要是在象徵好運的那只紅封套。

吾愛吾校
數學時間
閒話家常

Gift Certificate
誠品圖書禮券

我的每只紅包袋裡都裝有一張小小的祈福卡，還有象徵「一元復始、萬象更新」的一塊錢硬幣，當然封面也印上：宇宙無敵超級帥哥倫賀。

每個班級還有一千元的誠品圖書禮券，為了增加他們對於紅包的期待，我事先就問：「我會把圖書禮券隨機放在紅包中，你們是希望一人獨得一千，還是五個人各得兩百，或是十個人每人一百？」我一直以為學生會想博一次大的，沒想到各班都要求十人各得一百就好了。

發紅包時，先抽籤決定，再按照順序領取，學生很有禮貌的說：「謝謝老師！」發了幾個後，我請學生要加說一句吉祥話，於是恭喜發財、萬事如意、早生貴子都出籠了。

我不禁抱怨：「你們很沒有創意耶。」

也不知哪個寶貝說了一句：「祝你出淤泥而不染。」好吧，這也算是一種吉祥話。

接著一堆人祝我濯清漣而不妖、中通外直、不蔓不枝、香遠益清、亭亭靜植。最誇張的是祝我可遠觀而不可褻玩焉，現在是在背〈愛蓮說〉喔。

祝完愛蓮說，緊接著我也可以猜到，應該就給我祝福〈五柳先生傳〉了。

為了這幾張圖書禮券，我其實傷透了腦筋，畢竟我的財力無法支付人人有獎。我的想法是：既然要給紅包，那就必須給得有意義。除了想看到學生臉上洋溢滿心歡喜的笑容外，也想讓他們感受到我對他們的深深祝福。

學生目前閱讀課外讀物的風氣十分低落。我調查了一下，雖然高雄已有許多家誠品書店，可是去過的學生少得可憐，因此花少少的一點點錢，如果能逼得家長為了這一百元而帶孩子逛上誠品一遭，甚至買了一本好書回家，那我的目的就達到了。因此購買禮券時，我還特意挑選只能買書而無法買其他物品的圖書禮券。

達文西密碼

最好的方式就是趁學生還處於剛看完電影的極度亢奮狀態時，馬上帶到書店去翻原著。

之前的期中考，我出了一篇作文，希望學生可以「被迫」開始閱讀課外讀物。畢竟閱讀是通往寫作的捷徑，而這個捷徑是需要有家長陪同的，因此我拚命的鼓動家長帶學生到誠品書店走一遭……

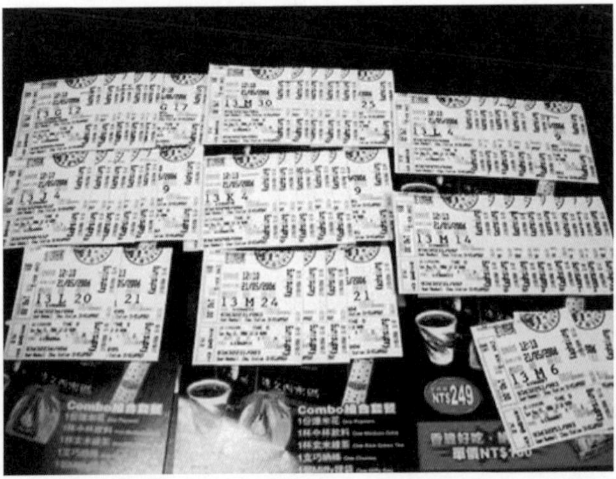

一星期後，有位平常完全提不起勁翻閱書籍的學生跑來找我。他興奮述說逛誠品書店而開展閱讀的全新體會。

我在他的眼中看見了飛揚的神采，我也很興奮，因為我一點點的小火花，彷彿啓動一個沉睡的靈魂。

接著，我在課堂上詢問了學生，發現大多數的家長對於帶孩子去書店還是很被動。我去找了任教班級的導師，強烈表明希望能帶學生到誠品一趟，雖然這樣做並不見得會受家長的支持，但兩位導師都一口答應要犧牲假日來幫忙。

走！看電影去

要學生乖乖待在誠品書店閱讀，而不去湯姆熊打電動是一件極具挑戰的事，因此首先要引起學生的動機。

目前全球最暢銷的小說莫過於《達文西密碼》了，剛好當時電影版的「達文西密碼」上檔，因此，要補救這次期中考小說作文的不足之處，讓學生看電影是很有效的作文教學法。

但帶學生看電影，我不希望演變成炎炎夏日到戲院裡吹冷氣，順便看著大銀幕上英雄出盡風頭，不但拯救了世界，還順便贏得了美人芳心，更不希望看到學生只顧著吃超大份量的爆米花和可口可樂，享受著超大銀幕的聲光效果及震耳欲聾的超重低音而已。

電影可以是娛樂的產品，但是教師也可以透過電影來敘事情節，甚至傳達某種意識形態或觀念，這才是我帶學生來看電影的目的。

看完電影逛書店

學生如果能夠對於電影如何敘述故事、如何剪接畫面、如何搭配音效及配樂有所了解，便可以欣賞電影藝術的形式之美，當然我也希望在享受電影所帶來的娛樂之餘，順便引起學生想要看原著的高度慾望。

所謂打鐵要趁熱，最好的方式就是趁學生還處於極度亢奮的狀態時，馬上帶到書店去翻原著。

讀書絕對不是孩子一個人的事，美國前教育部長賴利曾經說過：「每個父母一天至少要陪孩子念幾個小時的書。且家裡應該要有足夠的讀物可以閱讀、討論。我們要給予孩子較多的陪伴跟鼓勵。」也就是只有家長陪孩子閱讀，孩子才會閱讀；只有家長不斷進修，孩子才會自動自發的讀書進修。

但**陪孩子讀書並不是坐在旁邊指指點點的教他做功課，而是家長要讀自己的東西，因為重要的是家長主動學習的態度可以影響孩子**，因此希望家長能夠陪同，買一些書跟孩子分享。從簡單的書到引起讀書的興趣，而不是學生獨自前往圖書館或是鄰近書店而已。

玩太瘋？

「教育」這個字源自拉丁文，意思是「導出」。既然是導出，就不能一味的填鴨灌輸，而是除了讓學生具備處世與謀生的能力外，也要依據個別的本性釋出不同的特色。

偏偏培養人才的學校卻常常十分保守，許多教師仍用傳統教學的「有沒有效」來評斷成果，而我隨性的教法可能會造成傳統教師本能地不安，因為那和社會化過程所教導的觀念是衝突的，比方，太好玩、太輕鬆都會讓人覺得不自在，不像個「大人」應有的樣子，但偏偏我卻常在意料外獲得驚喜。

有些人或許會擔心，帶學生看電影、閱讀小說是不錯，但學生會不會玩得太瘋？**我從來不擔心會不會玩得太過頭，我只擔心學生不會玩，沒有想像力**。

愛因斯坦曾經說過：「有時候重要的無法計算，能計算的又不重要。」知識學習的重要性不是正顯現於它的無法計算嗎？

一直沒發現的才華

現在大家看國中生的寫作就彷若吃了搖頭丸一般，但在學校之外的另一片天地，有些學生卻展露出耀眼的光芒。

ㄚ軒平常在學校與在網路上是截然不同的學生，平常在教室裡幾乎都是安安靜靜的。但暑假期間傳來一個網址，發現她也在無名寫網誌，發現她天天看五月天、天天泡綠茶、天天看書、天天睡覺、天天泡在及時通……

而這一面，是平常我所見不到的，網路其實也有好處，除了可以在下課後繼續做師生交流外，還可以無意間發現一些很重要的訊息，譬如平常感覺上很用功的ㄚ軒，她的介紹中寫明了：老實說，我不想念書，但是我覺得念書有必要啊，所以還是零零碎碎的念書，不怎麼去拉長時間就對了。但我開始在改變自己，讓自己變成愛讀書的女生，考上雄女吧。

在閱讀她的網誌後，我有一種感覺：Y軒，妳平常的作文真是打混得很厲害喔！現在大家看國中生的寫作就彷若吃了搖頭丸一般，但在學校之外的另一片天地，有些學生展露出耀眼的光芒，因此在取得當事者同意之後，轉載兩篇文章供大家欣賞。

嚇人的颱風天

真的嚇人的強颱——海棠
以前的颱風　太陽還大大的掛在那裡　下午才開始行動
而且這一次的海棠颱風　讓人驚嚇　又感到害怕
聽說在夜晚　車子都被樹枝　鐵棒　甚至是紅綠燈砸爛
早晨　天色微微的亮一點　並沒有完全亮

但是　雨聲　風聲　顯然特別大　吵得腦袋都禁不起鐵打

在回家的路程　風大得連堅硬的樹木　還能吹得剩下半棵
馬路上樹葉堆積　猶如幾天沒清理的樹叢

開了車門　就差點把它拆了　風大得連車門都無法阻擋
姊姊的頭髮飄來飄去　雨傘也開花了　雨衣也擋不住身子
真是恐怖的颱風天

中午　睡午覺時　還能聽到吵雜的風聲　耳膜禁不起考驗
也只好看書　無聊的度過中午
還不知道晚上到底會發生什麼事呢！

還在猶豫　明天　要不要返校打掃？

by 軒

7/16有一天，我茫了

有歌詞是這樣的：

「老了　累了　倦了　變了　那不會是我　不會是我」

我想，我真的模糊了，我也漸漸的疲憊、漸漸的老化、漸漸的開始病懨懨

沒錯　我生病了，很難過　連冷氣機都開始催眠我的腦袋

禁不起頭痛的侵襲　我想好好的休息　好好的醞釀　好好的鬆懈

我想把歌詞改成：

「老了　累了　倦了　變了　不會是難過　不會是錯」

既然年老了　疲倦了　改變了　難過　又不能恢復一切

自責　也不會將時光倒流　也不會是你的錯

能趁著這個機會　鬆懈自己　感覺還蠻好的
辛苦是辛苦　有一切的辛苦　才能得到代價
不能說是自己的錯誤

我真的累了現在的我只慢慢的敲著鍵盤
撐著頭痛　慢慢的抒發慢慢的休息
好累喔我終於知道生病的意思

沒錯　現在的我是生病狀態。頭痛　鼻塞　差點發燒。

by
軒

大逃殺

學生對於這個遊戲抱持著高度的參與感，他們玩得十分認真，不停的追逐、尖叫與嬉笑。

潘朵拉的盒子

《大逃殺》是高春廣見於一九九九年完成的小說，在日本曾入圍「恐怖小說獎」，因評審認為題材涉及青少年暴力殘殺，內容「過於聳動」而被婉拒給獎。出版後很快地發展出電影、漫畫、電玩等周邊相關影音商品，不僅在日港台三地都有電玩及相關討論網站，台灣的高中生，甚至以之作為腳本自拍上網，當成畢業紀念。

繼《大逃殺》電影一、二集在台陸續上映後，原著小說也在台正式出版，全力搶攻台灣青少年閱讀市場。學生沒耐心把厚厚的兩本書念完，卻私下常常流傳著漫畫及光碟，通常越是禁止的事物，越是容易引起好奇。

當陸續有學生開始詢問我有關《大逃殺》的細節時，我開始感覺不妙，雖然平常會很鼓勵他們多方嘗試，但這次卻深怕學生因而滋生出暴力的不良傾向，偏偏如果就對這個問題打馬虎眼，這樣反而有些欲蓋彌彰，使學生更加對掩飾的事充滿興趣，因此我輕描淡寫的把故事轉了一下，然後宣佈到時要帶他們玩《大逃殺》的遊戲，希望他們把注意力轉移，而忘記原本的血腥。

《大逃殺》遊戲規則

實施地點：校園前的廣場規定範圍內，逃離框線外的判定為死亡。

武器配備：只能用自己的雙手。

遊戲規則：我會事先規定摸到的部位，只要被同學碰到，則被判定死亡，必須立即躺在地上裝死，遊戲僅能有一位生存者，活動範圍逐漸縮減，如果一直無人死亡，則處死所有生存者。

獲勝獎勵：不用弄髒衣服。

其實這遊戲，很類似小時候玩的「殺手」（兩人對戰，以單手摸到對方的頭或腳就算勝利），但算是進階版吧。

各班學生反映這遊戲真的還滿好玩，只是如果有教師也要施行，就把《大逃殺》的故事省略吧。

學生高度參與

學生對於這個遊戲抱持著高度的參與感，他們玩得十分認真，不停的追逐、尖叫與嬉笑。

在一旁觀看的我發現這現象十分有趣，每個班上都有各式各樣的人存在，例如功課好但什麼事都不會做的、功課差體育卻很好，還有不用讀書就能考前幾名的天才，但完全無法預期誰會從這場遊戲中獲勝。

人緣好的學生，會得到他人幫助，雖然本身能力也許欠佳，但卻能因此獲勝。手無縛雞之力的學生要如何贏得遊戲？有些學生會一直默不作聲的躲在角落，再趁機幹掉他人。

也有抱持雄心壯志，一心想求勝的學生，但通常是將自己暴露在很大的風險下，雖然頗有一人當關，萬夫莫敵的氣勢。

當然也有學生不為了贏，而只是單純的想玩而已。這種平凡的想法，有時卻很幸運的能玩到最後。

當然還有聯盟類型的，不但足以自保，還可以助人，但是聯盟說崩潰就崩潰，除了本來就存在的內部矛盾之外，還有一個致命的結構性缺陷，即儘管暫時安全，但在沒有破解這遊戲的前提下，遲早學生還是得分高下，所以聯盟的瓦解其實是可以預期的。

校園喋血事件

看著滿地裝死的學生，每個人的想法可能不同。但誰不想當最後留下來的那一個？又有誰可以不傷害別人而站在頂峰？這些被判定為死亡的學生，不知情的人會認為這些全是受害者吧，但事實上他們也全部都是加害者。

真實的人生，又何嘗不是一場大逃殺？雖然不見得有鮮血和煙硝，但是優勝劣敗的殘酷卻是一樣的。

人人擠破頭想進入明星學校的升學考試、職場上的爾虞我詐，許多人都想出人頭地，即使踩著別人往上爬也在所不惜。

歡迎來到真實世界的大逃殺。

大逃殺遊戲進階版

學期即將結束的表演藝術課，我決定讓學生好好放鬆一下。想起十分受到歡迎的「大逃殺」遊戲，只不過今年再做一些變化，把遊戲的難度更提升一級。

遊戲規則：

大致上與以往類似，一樣是以雙手當作武器，若是被摸到事先規定的部位即被判定死亡，最後僅能存活一位生存者，但今年多加了一項規則，就是每人先發一張紙卡代表性命，然後分為兩階段實行。

第一階段的場地包含了整棟活動中心，同學們可以利用所有的空間，但缺點是會嚴重干擾到其他上課的班級，而被摸到指定部位的同學必須將身上全部的紙卡交出，獲勝的重點在於想辦法不被殺掉。

第二階段的場地利用操場的足球守球門，分兩隊相互攻擊，被摸到指定部位的同學只要交出一張紙卡即可，身上沒有紙卡的同學則必須待在對方的守球門之中。

若是有同學願意贈與多的紙卡，則可以重新加入遊戲，直到一對完全落敗為止。遊戲的重點在於團隊合作，必須規劃何人進攻、何人防守，甚至需要有人犧牲誘敵。

大逃殺遊戲的優點

遊戲本來就應以健康心態來玩，這畢竟只是一場遊戲，關鍵是看遊戲者怎麼去對待它。這遊戲的性質其實很類似於躲避球，只是用了一個學生比較熟悉的名稱而已。

遊戲本身沒有好壞，但如果以積極健康的心態去面對，反而可以收穫良多，而且在追趕跑跳碰的過程中，策略的規劃、大膽卻又仔細的行動、迅速判斷的能力，以及體力上的訓練，都是從遊戲中值得學習的地方。

學校既然是教育單位，遊戲也必須賦予其教育意義。大逃殺遊戲是第二年實行，有許多面向仍然有很大的空間需要改進，但無論如何，在寒流來襲的低溫之中，讓學生滿場追逐到滿身大汗也是不錯的一件事。

chapter4 搶救學校大作戰

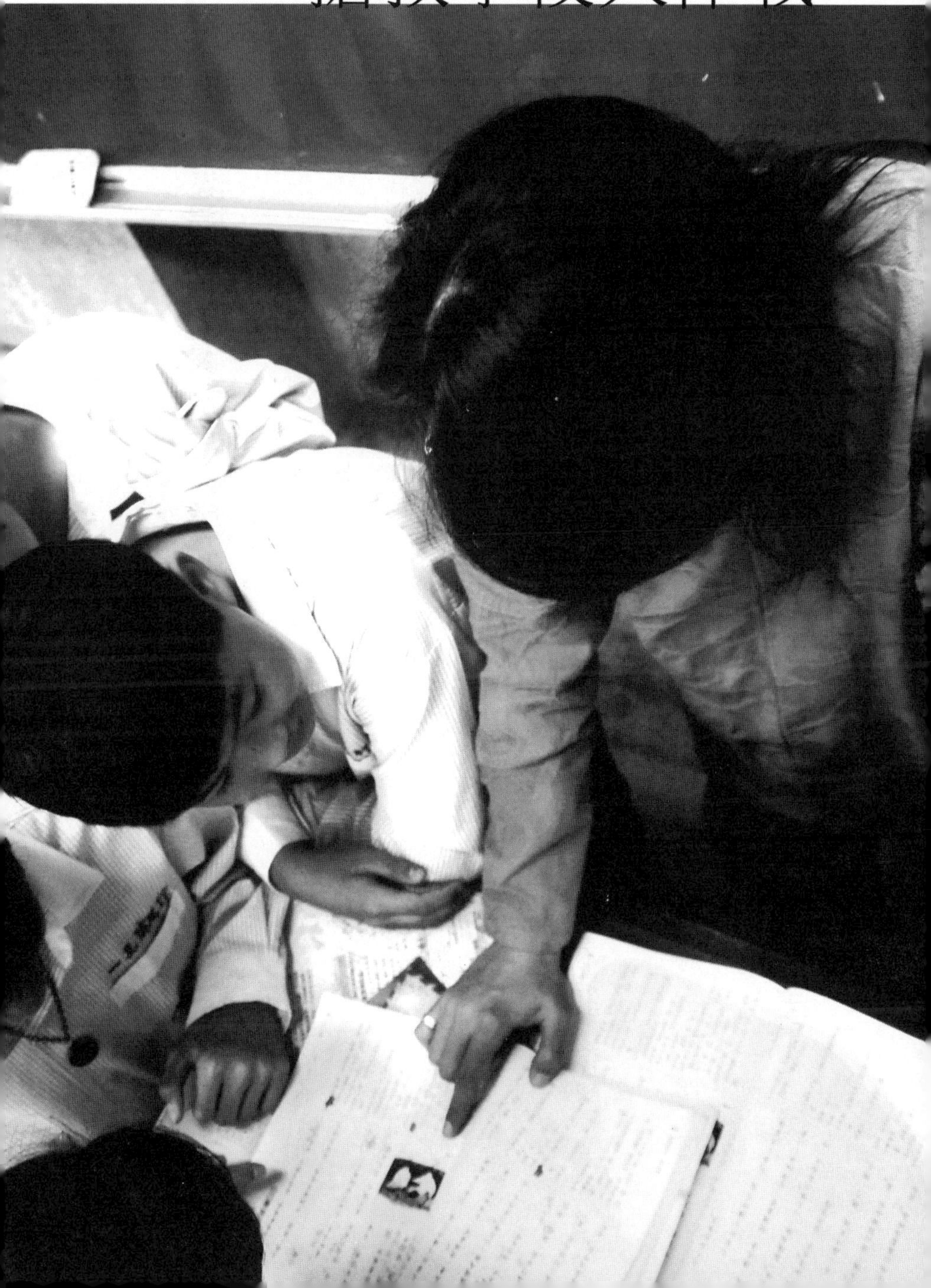

搶救學校大作戰——考生必備

一個班如果有二十四位學生，將來能過上幸福生活的，只有一、兩個人，其他的94%可能每天只是發牢騷地生活著。

學校雖然已經考了幾次的複習考，但許多國三生對於基測即將來臨這件事，彷彿還是無關痛癢。一旦過完年、開心的放完寒假，面對一連串的複習考與家長的焦慮，可能才猛然驚覺自己原來是個考生。面對大量、大範圍的考試，時間又一天天的逼近，才徬徨、不知所措，最後跑來學務處找我哭訴（這種事不是應該找輔導室嗎？）

還好，如果能夠臨時想到要抱一下佛腳的人，佛祖也不忍心將他一腳踹開。這時，最迫切的是要在最短時間內學到正確的讀書方法。

正確有效的讀書方法，不僅可以在短時間內準備完所有範圍，甚至還有充分的時間再次複習，真正做到事半功倍。

從現在開始確實掌握正確的讀書方法，那麼考上自己理想的學校，就不會是新年的祈福而已，而是能實現的新年目標了。

正確的讀書方法

根據教育心理學家研究，正確的讀書方法包含五大技巧：「筆記技巧」、「有效閱讀」、「聆聽速記」、「邏輯思考」、「複習回憶」。只要能掌握這五大技巧，學習路程就比別人擁有更多優勢。

一、筆記技巧

所謂的筆記，並不是指上課抄老師的板書，或是只將課本照抄一遍。

一個真正好的筆記，必須是自己經過思考理解後，用自己的方式有系統的將資

料濃縮，以方便日後的複習回憶。

大部分的學生都是死背死記來應付考試，因此是把大量功課硬塞到大腦裡，就像把一團混亂的垃圾塞到大腦，結果考試時就像在垃圾堆裡找答案，當然沒有辦法順利的提取回憶出來。

有些同學在課本上，會用一大堆的藍筆、紅筆、螢光筆做了很多記號，一頁畫得滿滿滿，但這等於根本沒做到重點，充其量只能稱作是塗鴉罷了。

筆記應該分析類別，再按照先後順序來訂定標題，而在每個標題下面選擇重點句來幫助記憶，當然還必須以多重角度分析來找到最重要的「關鍵字」，最後還必須要整合歸納，一步步有系統的將大範圍的艱深資料加以大量濃縮。

一篇數百字的文章，可以濃縮到只剩下三、四個關鍵字。如此一來，由於這都是自己的思考結晶，因此在考前複習時，只要抓緊時間快速翻閱，就可達到理想的複習效果。

二、有效閱讀

閱讀與速度其實關係並不大。速讀會幫助看書快一點，但是對於書本的吸收和理解沒有必然的關係。根據心理學家的研究指出，記憶系統可以分為短期記憶和長期記憶二種。

短期記憶是一個容量有限的訊息暫存系統。學生常以死背來應付考試，隔天考試時，看著明明昨晚就讀過的考卷時，卻往往不記得，就好像昨天讀書像是自己在做夢一般，頭腦根本不聽自己指揮。這是因為所有新進入大腦的訊息，都是暫時存放在短期記憶中，除非將這些訊息存放到長期記憶中，否則很快就會被遺忘。

長期記憶則是一個容量無限的訊息存放系統。短期記憶的訊息經過適當處理後，便會存放到長期記憶中，因此**閱讀主要的任務就是：如何把功課存放到長期記憶中，最後變成你的知識**。

因此學生應該依據文章的型態來調整閱讀，而且**在閱讀時找到內容中的關鍵字，強化閱讀時的理解能力**。理解力增強了，閱讀速度自然而然加快，並適時的動手做筆記，非單純只是瀏覽而已。

三、聆聽速記

許多學生上課也十分認真在做筆記，但回到家後卻完全看不懂。

因為在課堂有時做的筆記是支離破碎的，回家當然無法完整的拼湊起來。畢竟教師講話的速度永遠比學生寫字還快。

這其實有兩種小技巧，一是暗示詞的技巧，**能夠有效的抓住老師講話的暗示詞，就可準確的記下老師的重點**。

另一個是速記的技巧，**必須把老師的關鍵重點完整的串連起來，做出詳細的聽講筆記**，回家再整理成自己的筆記系統，完全不用擔心漏掉任何重點或細節。

所以，如何將上課老師講的重點記錄下來也是一個很重要的讀書技巧。上課的內容能完整吸收，回家複習就可以省下一大半的時間。

四、邏輯思考

現在的基測題型開始走向靈活化，很多根本就在課本裡找不到的，完全在測驗觸類旁通的能力，顯示出邏輯推理能力是十分重要的一環。

正確有效的思考判斷力是很重要的，而**學習是個思考辯證的過程**，包含主動提問，而不是被動的接受，因此**要學習獨立思考、獨立判斷的能力**。

當學生學會思考技巧，便能有效判斷他所聽到的，或是別人所說的話是否正確，這也能增進對於數理科的理解能力。

五、複習回憶

上述的四大技巧完全掌握後，還需要不斷的努力複習，這也是進入長期記憶的重要過程。

只要利用自己的筆記來做考前複習，利用反覆再次的思考來回憶筆記上的內容，立刻可以達到立竿見影的複習效果。面對大範圍的考試就不必焦慮害怕，可以充滿自信接受挑戰。

但複習也必須把握時間，畢竟人生是一秒一秒累積起來的，浪費時間的人就是不把人生當回事。套句阿九津老師的話：「愚蠢和懶惰的人將會苦於差別待遇和不公平，聰明努力的人將享有各種特權度過充實的人生，這就是社會。

你們知道這個社會有多少人過著人們羨慕的生活。知道嗎？只有僅僅6％。在日本，一百人中只有六人能過上幸福生活。

這個班上有二十四個學生，也就是說，將來能過上幸福生活的，只有一、兩個人，其他的94％每天只有發牢騷地生活著。如果你們想成為那6％，只有從現在開始努力，取得好成績，考個好大學。」

很現實吧，但我們的確活在這樣的一個社會當中。

考試開運小祕方

如果說上述都能確實做到，但還是覺得心中不太踏實，那就只好尋求民間的心靈寄託了。

利用過年期間，如果有祭祖或是拜拜的習俗，不妨請父母準備象徵吉祥的供品，祈求考試順利。

一般而言，賜予子女聰明的蔥是一定要的，而芹菜代表著勤學、需要努力加油的食用油、會打算盤或算術的蒜、能有好彩頭的白蘿蔔、象徵包中的包種茶/包子及粽子、貴氣逼人的桂花、大吉大利的桔子、節節高升的竹筍都可以。

這些祭拜過的食品，可以在新年期間幫忙加菜，但忌和圓形的食物（如丸子、蛋之類）一同炒，以免考個鴨蛋。

除此之外，用功念書其實才是最實際的，聽到了嗎？你們這群孩子。

快．給．我．去．念．書！

適度的運動及休閒也是必要的啦。

但是……

快．給．我．去．念．書！

搶救學校大作戰——棄保之爭

高中有沒有讀第一志願或許對人生有某些影響，但卻遠不及有沒有學校念的影響來得大。

當寒假一結束，三年級學生便明顯感受到基測的壓力了，尤其是教室前面的倒數日曆更是讓人心驚。

除了學生倍感壓力，任教三年級的各科教師也面臨很大的抉擇，畢竟三年級下學期意味著總複習的開始，策略的運用很令人傷腦筋。

現在學校是常態分班，我們姑且暫時把班上學生依照程度分為兩部分。以國文科為例：當前半部的學生已經對於課文滾瓜爛熟到開始鑽牛角尖時，後半部的學生甚至還必須從最基本的詞性開始講解，兩者間的程度簡直不像身處在同一個星球之上。

若是按照以前的分班方式，這些前半部的應該屬於所謂的升學班，後半部的則是歸類於俗稱的放牛班。但為了強調「公平原則」，以及避免「標籤作用」對學生所造成的心理傷害，目前這些學生都散雜在同一個班級之中。

棄保之爭——棄後保前

總複習時，有老師會把重心放在前半部的學生。畢竟在台灣，由於升學競爭的關係，程度好、能力強的學生與家長，都希望別受到程度較差的學生拖累，而能加速學習。

學生都應該進入頂尖的學校就讀，也是社會普遍認同的價值。許多家長選擇孩子就讀國中的前提也並非是學區考量，而是這所國中進入第一志願的學生人數多寡。

除了社會上的價值認同，無奈的是，許多班後段的學生也十分不爭氣。當班上許多同學正沒日沒夜的苦讀時，他們卻不是蹺課，就是睡覺，甚至自暴自棄的增加許多生教組長的工作，於是，就產生了老師棄後保前的複習方式了。

棄保之爭——棄前保後

當然也有老師會將重心放在後半部的學生身上。這些老師認為教育除了升學率以外，還包括學生的特殊技能、長期學習態度，以及健全人格等。

對於我來說，**高中有沒有讀第一志願或許對人生有某些影響，但卻遠不及有沒有學校念的影響來得大！**

那些**後半部的學生，除了少部分是因為智力問題，大部分都是因為學習態度，所以需要用全力來搶救**。

搶救後半部學生也有傳達**並非只有會讀書才是好學生**的觀念。

我希望培養社會正確看待學生的方式，讓社會逐漸走向教育正常化。我目前雖然支持搶救後半部的學生，但究竟兩者間哪一種才是真正對學生比較好，其實也無法下斷語，畢竟兩者無絕對的好壞。

從教育的觀點來看，教育應該顧及全體學生的權益，所以一切措施也應以此原則為依歸，不應偏護部分學生。只是如何在兩者間找到適當的平衡點，卻是十分值得討論的課題。

百日大作戰

既然我已經選邊站了，接下來就是一連串的大作戰。

雖然目前能夠就讀的高中職頗多，但滿分三百分的基本學力測驗，考不到一半的學生還是大有人在，甚至還有出現個位數的詭異成績。

這種用猜的都不可能如此低的分數，想必原因並非出在智商，絕對是因為學習態度。

成績不好的學生，其實他們的智商並不見得低，從他們跟老師唱反調時的機靈反應就可以明顯感受到，因此要把成績一口氣大幅提升並非不可能。

我在離基測還有一百天的時間裡，擬定一個代號為「搶救學校」的計畫。

作戰的計畫主軸並非以拚上公立學校為重心，而是以自我覺悟，並發憤圖強為重點，計畫就此展開……

搶救學校大作戰——生涯規劃

對於課業完全沒有動力的學生，讓他們產生覺悟的方式是：告訴他們，大學及以上學歷的畢業生，起薪可達兩萬八千元，專科學歷平均兩萬三千，高中高職約一萬九千，國中學歷只有約一萬八千元。

學生會很訝異的發現，他們未來的人生實在彩色不起來……

求學時，父母、師長總是耳提面命地要學生用功讀書、努力求學，但學生卻會認為：「為什麼總是擺出一副自以為是的態度？我最討厭人家說教了！」叛逆有時就是這麼一回事，似乎講再多的大道理也沒用。

對於不愛讀書的學生，就算一再逼他也沒用。

究竟怎麼做，才能讓痛恨書本的學生肯用功？

我的方法是**讓學生自己覺悟**。

產生覺悟的方式分為兩種，首先是那些不用功，但也不排斥念書的學生。我會協助他們訂出生涯規劃。

俗話說：「一十看智力、二十看學歷、三十看能力、四十看經歷、五十看財力、六十看體力、七十看病歷、八十看黃曆。」當學生清楚目前個人處境、了解自我理想憧憬，便容易找到未來人生目標。

而對於課業完全沒有動力的學生，讓他們產生覺悟的方式其實比較簡單，

給我一個機會
怎麼給你機會
我以前沒得選擇　現在我想做一個好學生
好　跟帥哥倫說　看他讓不讓你做好學生

就是利用簡單的數學算術題。

先拿工業和服務業的薪資平均計算。

大學及以上學歷的業生，起薪可達兩萬八千元，專科學歷平均兩萬三千，高中高職約一萬九千，國中學歷約一萬八千元。再依序告訴他們未來人生中需要付出的金錢有哪些，透過簡單的減法後，學生會很訝異的發現，他們未來的人生實在彩色不起來……

這些談話的過程，有個很重要的前提：非團體性。要一對一的私人約談。

反正學務處沒有午休及下課時間，一天約談三至五人，一個班級不用半個月就能談完。

一對一的好處是：學生會比較容易說出心底的想法或是困擾，而且面對不同學生的反應，可以使出打蛇隨棍上的方式，更能突破心防而產生自我覺醒。

至於成效如何？

別的科目我不清楚，至少國文課是沒有人在睡覺，也沒有人會交白卷。所以應該還是有一點成效。

而產生覺悟，只是搶救學校大作戰的前置作業而已……

搶救學校大作戰——符咒封印

沒想到，在聯絡的家長中，還真有一位阿公會寫符咒，一口答應要真的把電視機給封印起來。

有人說，電視是插電毒品（plug-in drug），一旦打開就很難關掉。科學家發現，人腦中的α波在看電視時變得活躍，β波相對緩慢，造成了一種微醉的放鬆狀態，讓大腦額前葉部皮質出現短暫的空轉狀態，長時間來說對兒童可能有不良影響，會削弱處理問題的能力以及批判能力。

根據《天下雜誌》曾經做過的調查，台灣民眾休閒時最常做的活動就是看電視。家中小孩最主要的休閒活動，除了玩電腦和運動之外，也是看電視。而電視與電腦對於國三考生而言，實在是件很要命的玩意。

為了讓學生可以暫時遠離電視與電腦，我常說應該拔掉插頭，甚至要用符咒把螢幕給封印起來。

說是這麼說，但真正可以拒絕誘惑的學生應該寥寥可數吧，於是我開始上網留言。

許多學生都有玩部落格的習慣，而功能選項裡面有一個很棒的地方，就是所謂的好友模式，也就是說，教師只要知道一位小朋友的網址，就可以像是提粽子般的找出一連串的名單，然後，就可以一一去拜訪。

拜訪的同時，順便放話，真是件很方便的事。

除此之外，即時通也是很棒的媒介，只是這個領域一直還沒有時間去碰觸，不然如果發現學生上線不讀書，馬上就傳訊過去應該也是個很棒的方式！

至於電視，就必須打電話跟家長好好的聊一下天了。畢竟**如果家中有考生，家長卻總是把電視音量開得老大，然後笑得前俯後仰的引誘學生，那怎能還發脾氣責怪小孩為何不用功？**

在打電話前，我會笑咪咪的跟學生說：「好久沒跟你父母talk talk了。今天順便來建議一下，把電視跟電腦都貼上符咒封印起來。」

其實貼符咒是隨口講講，但我真的很希望家長能配合學生的作息，暫時犧牲一下電視娛樂。

沒想到，在聯絡的家長中，還真有一位阿公會寫符咒，竟然一口答應要真的把電視機給封印起來。

想到電視機上面被貼上符咒的情景，我就覺得這個阿公實在很可愛。

不知情的朋友到家裡作客，可能會以為阿公怕貞子從電視機裡爬出來吧！

看電視並非壞事，但若是不懂得加以克制，還是乖乖封印起來好了！

阿倫特製符咒

搶救學校大作戰——孔廟祈福

接下來是非做不可的重要儀式，就是讓每個學生坐在大成殿中冥想。

我請學生靜下心來去思考，在未來考前衝刺的重要時刻裡，究竟自己目前缺少了哪些條件，而又應該做哪些努力去完成。

一連串的洗腦下來，學生開始萌生奮發圖強的意念，但由於之前不知道要用功，許多課文對他們來說都像是第一次閱讀，面對陌生的課本越來越慌。

還好，當學生遇到問題時，便會想到人生中的一盞明燈——老師。

有一天，當我跟朋友在海生館玩得不亦樂乎，我的手機突然響起，電話那頭問道：「可不可以帶我們去台中縣？」

「為什麼？」

「我們想要從追分車站搭火車到成功車站。」

「這樣需要花一天的時間耶！還不如拿來念書比較實際一點。」

但這些學生的確需要強烈一點的刺激，好讓他們頓悟而自願念書。

我撥了通電話給學務主任，跟他討論放天燈的事。

我的想法其實很單純。放天燈是向上天表達心意，祈求祝福。藉由放天燈的儀式，讓學生把願望寫上去，再坐在操場上來個星空夜談，應該是個不錯的動力。

但學務主任提醒我，天燈升起後隨著風勢飛揚，飄行距離可達五公里，沒有人能夠保證下一秒會飛到什麼地方。學校附近不是住家就是道路，可能會因此釀成災害。

除此之外，「消防法修正草案」將施放天燈列為管制活動，施放天燈必須申請經過主管機關同意，因此只好打消這個念頭了。

雖然放天燈行不通，但難道就這樣打消念頭嗎？

不，我一向認為：「不是路已走到盡頭，而是該轉彎了！」

換一個方式，我帶學生到孔廟去製作必勝頭巾來加強鬥志，並且寫了一張通知單給家長簽名。

內容是我要舉行考前祈福之旅，希望學生能夠真正安心努力、把握最後衝刺。

為了避免宗教不同而產生質疑，因此特地在通知單裡面提到：「孔廟雖名為廟，但裡面並無燒香之類的儀式，完全是心誠則靈，如果家長認為有必要，也可攜帶一些加持的小東西……」

為了自己的子女好，家長通通都簽名同意了。

而在通知單的最末尾，我也不忘提醒家長：「其實，用功念書才是最實際的。因此還是需要家長一同督促學生努力用功。」

不論是頭巾的材料費，還是租用車輛往返都需要錢，因此參加的學生須繳交費用七十元，其中包含了來回的公車租用車資，以及製作祈福頭巾的費用，不足之款項將由我補足。

必勝頭巾通常是白色的，但為了避免誤會成出殯使用的頭帶，因此改採米白色。而怕學生戴起來不舒服，也怕周圍會產生鬚邊，因此還下重

本去買緞帶來使用（感謝同事幫忙找到寬板的精緻緞帶）。

高雄市左營孔廟分為大成殿、文昌祠、明倫堂及書院，我和學生要前往的即是大成殿與文昌祠。

首先來到的是大成殿。

學生很認真的拿著奇異筆在孔子與其弟子前寫下願望，有些寫下理想的學校，有些寫下想要的分數，有些寫下自己缺乏的毅力。

當所有學生都寫完之後，我開始率領他們，展開祈福儀式……

身為表演藝術教師，要把祈福儀式做得有模有樣還算簡單；身為國文教師，要順利編出禱詞也不是件太難的事，我就這樣正經八百的完成了所有的儀式。

接著將家長準備的加持物品與必勝頭巾放在供桌之上，祈求至聖先師能夠幫忙加持。

接下來是非做不可的重要儀式，就是讓每個學生坐在大成殿中冥想。我請學生靜下心來去思考，在未來考前衝刺的重要時刻裡，究竟自己目前缺少了哪些條件，而又應該做哪些努力去完成。

透過自我省思與覺察，才有可能有深刻的體認。畢竟讀書不是為了任何人，還是必須發自內心才有可能成功的。

打坐完的學生突然眼神都出現了光芒，莫非孔老夫子真的顯靈了！

接著，我們來到文昌祠。

只不過在文昌祠時，我不再統領全班祈福，而是請同學兩兩一組，自己完成祈福儀式。

畢竟不是所有事情都會有人從旁協助，有一天總要靠他們自己去完成。

學生很誠心的把整套儀式做完，祈福儀式到此全部結束。當這個關鍵點完成之後，搶救學校大作戰也就此展開……

搶救學校大作戰——彈性調整

考卷不再像傳統式的測驗，而是在每一題作答前，引導學生去看題目，甚至去找答案，如此一題一題的引導下去，當然最後的結果是不算分。

當我把後半部學生的成績仔細分析之後，我幫他們擬定了一套讀書計畫，即選擇性讀書。

所謂的選擇性讀書，並非是個良好的讀書習慣，而是在基測剩下不到百日時，一種希望能夠在短時間內把分數大幅提升的方法。

對於成績在後半部的學生，通常文科的分數強過數理，所以理化幾乎可以直接宣告不治。至於數學則多少都還會一部分，但花了幾個鐘頭的時間也算不了幾題，因此這兩科乾脆就別浪費時間了。還不如加強生物，然後以地球科學來搶分數。

至於文科，國文、英文及社會則各有好壞，因此用最多力氣在這三科中分數最低的一科，其次是分數最高者，剩下的那科只要努力保持程度就差不多了。

集中力量形成自己的優勢，以己之長，攻敵之短，從而一舉克敵制勝，目前我教學生的也就是這個謀略。

彈性上課

當學生的讀書習慣做了調整，接下來的課程也必須跟著變動，首先改變的是考試習慣。對於成績在後半段的學生，通常一張試卷不用一分鐘就可以寫完，因此考試時間就等於成為猜題及補眠的時間。

歸結原因很簡單，因為不會，所以只好用猜的。

為了改變這種習慣，我採取以下幾種應變措施：

一、有鑑於我在上課時，班上學生都非常捧場的精神十足（當然也有可能是因為懼怕其惡勢力），因此改以**上課取代考試，增加其基本觀念的建立**。

二、**考卷不再像傳統式的測驗，而是在每一題作答前，引導學生去看題目，甚至去找答案**，如此一題一題的引導下去，當然最後的結果是不算分。

三、若是複習式的測驗，則**每次以五分鐘的時間測驗五題，考完立即檢討，檢討完再進入下面五題**。這樣的方式有點像是快問快答，學生可以在記憶猶新的時候發現其觀念上的錯誤。

四、至於全校性的複習考，**打破每科必須在考試開始後的四十分鐘才可以交卷的規定，只要寫完就可以交卷，然後可以自行拿出想讀的科目複習**，但前提是要教務處的人不講話才行。

五、**上課的方式不再是單科教學，而是跨領域的做全面性的統整**。

所謂方法是死的，人是活的，所以活人做事，不管用什麼方法，要讓方法能活用。

在這樣彈性運用的結果之下，學生成績開始一點一點的進步。

追求效率

一味的埋頭苦幹並非做事的好方法，應該找出最有效率的方式。

有時換個角度就能想出新的替代方案，來解決眼前和未來那些難纏的問題，想出替代方案，並且嘗試它的可行性，這就是彈性。

雖然教師可以將許多細節都規劃好，但是學生沒有執行力也是辦不了事，畢竟人生裡的每一件事，都是一念之間的抉擇，教師只能盡力卻無法強求，因此還是得靠學生自己的努力才行。

搶救學校大作戰——統整教學

教師應不只是被動的課程執行者，而是要扮演主動的、合作的課程設計者。

以國文科為主軸，順著歷史及地理做延伸，再旁及到生物及地球科學，偶爾提一下公民及英文。

課程統整

成績在後半部的學生，大多還勉強可以應付分課或分單元的測驗，但一開始總複習，就會發現這些學生連最基本的概念也搞不清楚，因此十分需要老師做課程統整。

所謂課程統整，就是打破原有學科內容的界限，將相關的知識和經驗組合在一起，使其緊密連結。讓學生在學習的時候，不是學到獨立、片段的知識，而是學到一個整體的、容易應用在生活中的知識。

教師應不只是被動的課程執行者，只要按照所屬的科目及教科書來教學，而是要扮演主動的、合作的課程設計者。

我的做法就是，以國文科為主軸，順著歷史及地理做延伸，再旁及到生物及地球科學，偶爾提一下公民及英文，至於理化及數學方面卻遲遲無法融入課程之中。

統整方式

我的總複習方式，是先將基礎國文打好，譬如文法、句型、修辭技巧、字音、字形、字義、成語、正式書信的寫法、祝賀詞、國學常識等，接著便順著中國的歷史朝代開始整合，從夏、商、周的字體開始，進入到春秋戰國時代的字體及文體。

複習九流十家的儒家時，拉到素有西方孔子之稱的蘇格拉底上。

既然提到蘇格拉底，便不得不提到雅典，希臘首都雅典位於巴爾幹半島南端，這時複習有關「歐洲火藥庫」——巴爾幹半島的歷史及地理。

接著回到古希臘文明，早在古希臘文明興起之前約八百年，愛琴海地區就孕育了燦爛的克里特文明和麥錫尼文明，而後來希臘歷史進入所謂「黑暗時代」，因為對這一時期的了解主要來自《荷馬史詩》，所以又稱「荷馬時代」。

在荷馬時代末期，鐵器得到推廣，取代了青銅器，這時可以回到中國的殷商及西周，因為商周是青銅器的時代，青銅器的禮器以鼎為代表，樂器以鐘為代表，因此「鐘鼎」成為青銅器的代名詞，而鐘鼎文又稱作金文或銘文。

以上是國文、歷史、地理與公民的結合。

接著舉統整更多科目的例子：

一、單純國文：唐代的文學鼎盛，無論唐詩（初唐、盛唐、中唐、晚唐）、古文，或是傳奇小說、敦煌變文、曲子等，都是非常出色而照耀千古的作品。其中的變文是寺院僧侶向聽眾作通俗宣傳的文體，一般是透過講一段唱一段的形式來宣傳佛經中的神變故事，而佛教源自於印度，印度的文字稱為梵文，因此只要跟佛教有關的「剎那」、「比丘」、「菩薩」、「舍利」、「羅漢」等，都是印度語言的音譯，因此屬於外來語。

二、國文及地理的結合：數千年前，由恆河和印度河沖積而成的印度大平原，帶來的肥沃土壤，孕育出人類古代文明中心之一的「大河文明」。除了印度有兩條河流之外，很自然就可以聯想到底格里斯河、幼發拉底河的兩河流域也是肥沃灌溉農業區的文化，在美索不達米亞平原上，先後建立了蘇美、巴比倫、亞述等三個國家。

接著回到中國的長江與黃河，複習一下《詩經》與《楚辭》的異同。

三、國文及公民的結合：由於印度存在著種姓制度，因此從印度奴隸來討論公民科中的人權議題，而中國在詩經《豳風．七月》中也反映奴隸受貴族的壓迫剝削，雖終歲勤苦，仍不免飢寒交迫。

在韓愈的文章中也提到：「而世有伯樂，然後有千里馬。千里馬常有，而伯樂不常有。故雖有名馬，祇辱於奴隸人之手，駢死於槽櫪之間，不以千里稱也。」順便講回國文的成語及古文八大家。

四、國文及歷史的結合：有「日不沒國」之稱的英國曾經把印度當作殖民地，英國透過東印度公司在印度壟斷鴉片、食鹽和菸草貿易，而鴉片也導致中國發生了著名的鴉片戰爭。

中國提到戰爭的文學有很多，複習完清朝的戰爭之後，可以依照中國的朝代做戰爭文學的分析及作者介紹。

五、國文、生物、英文及地球科學的結合：印度的阿薩姆大葉種紅茶是許多人耳熟能詳的，茶葉的特性與生長方式可以扯出植物認識，而茶葉適合的氣候可與地球科學跟地理結合，畢竟由於地理位置與緯度的關係，搭配季風及洋流會產生不同的氣候與雨量，這時黑板上就可以用圖解的方式做分析。

除此之外，順便以下午茶為例來進行英語對話練習。

而講到茶就必須提到茶聖陸羽了。除了茶聖之外，中國聖字輩的人還頗多，有儒家五聖（至聖孔子、亞聖孟子、復聖顏淵、宗聖曾子、述聖子思）、賦聖司馬相如、藥聖李時珍、詩聖杜甫、詞聖李煜、草聖張旭、書聖王羲之、醫聖孫思邈、謀聖張良、武聖關羽……而這時通常學生會給我亂入賭聖周星馳。

這些就是目前正在做的課程統整教學，很有趣，但是也非常累人。

如果這樣還沒辦法融會貫通，那就只好學習古人懸樑刺股了。

搶救學校大作戰——魔力點子

除了打架、嗆聲、蹺課、抽菸、喝酒，這群學生最重要的是「皮到不行」及「臉皮很厚」，而這剛好是表演藝術裡很重要的特質。皮到不行表示很活潑；臉皮很厚表示放得開。

教育局自從「發明」名叫魔力點子的比賽後，便認為這是高雄市的重要特色之一，今年更是成為九十六學年度高雄區高級中等學校多元入學考生特別條件加分採計範圍，因此，強力鼓勵各級學校務必參加。

原本我們今年打算不參加，但教育局來了份公文，要求務必報名。我腦筋動到即將畢業，卻可能因為操行不及格的國三生身上……

要實行搶救學校大作戰，有一個先決條件，就是學生必須順利畢業才行，因此目前各處室都在如火如荼的幫助學生改過及銷過，魔力點子剛好是一個契機，不但可以記功嘉獎，還可以在基測加分。

於是，取名為「門當戶隊」的銷過小組便成軍了。

特殊專長

銷過小組的成員具有不少的特殊專長，除了打架、嗆聲、蹺課、抽菸、喝酒，最重要的是「皮到不行」及「臉皮很厚」，而這剛好是表演藝術裡很重要的特質。皮到不行表示很活潑；臉皮很厚表示放得開，他們剛好也都滿會跳街舞，因此，肢體動作與節奏感也無須擔心。

史上最強之訓育組從電影《頂尖對決》得到靈感後，「瞬間移動」的表演便開始成形。考量到這群國三生即將面臨基測，希望在最不佔用時間的狀況下完成，所以事前的準備工作顯得格外重要。

我到處尋求幫助，家長會答應全額補助活動經費；教務處幫忙處理公假問題；

總務處打造了兩座價值六千元的道具門；家政教師以手工縫製所需要的黑布道具；表演教師幫忙指導動作；音樂教師提供背景音樂……

在訓練兩天之後，我們順利通過了初賽。

回到學校，我們魔鬼訓練了三天便前去比決賽，還好評審教師的意見都不錯。

評審甲：「深具魔術功力，表達主題。」

評審乙：「團隊默契不錯，有視覺上的變化效果。」

評審丙：「技術操作優。」

評審丁：「有魔術的元素，但不全是魔術，也結合電影第五空間的手法，表現出色。」

評審戊：「玩視覺。」

因此順利獲獎，還有獎金壹萬元呢。

適才適性

搶救學校大作戰並非全然指學科，畢竟每個學生的優勢不一定是在學科，也可能是在其他領域。如果順勢引導，這往往是能支撐他們人生的東西。

其實，基測不過是種測驗，一種針對學科的檢驗。考不好並不表示一無是處，而可能只是不夠用功或不適合念書罷了，並不能將人生全盤否定。

在「魔力點子」比賽中能獲獎，無形中也是希望學生能了解「條條大路通羅馬」的道理。我希望學生能明瞭，雖然在一個戰場失利，但換一個戰場，可能就是最大的贏家。

因此，有沒有考慮去讀中華藝校啊。

搶救學校大作戰——耳提面命

我們常會要求學生這件事要怎麼做，那件事要怎麼想，儘管是用心良苦，但卻忽略了學生的感受。

隨著廠商送的倒數日曆越來越薄，老師能做的事情也就越來越有限，但不變的依舊是耳提面命……

對於基測，很多人都有種「皇帝不急，急死太監」的感嘆。家長、老師不懂為什麼學生就是不知道要覺悟，於是他們苦口婆心的碎碎唸。

因為出發的立意是好的，學生剛開始還覺得窩心，但當家長、老師看到學生依舊不怎麼積極，他們嘮叨的頻率就會增加，最後演變成一種疲勞轟炸，學生聽久了，也不耐煩了。

或許這是許多大人的通病。

我們常會要求學生這件事要怎麼做，那件事要怎麼想，儘管是用心良苦，但卻忽略了學生的感受。

不斷的提醒學生要用功讀書是有其必要性，畢竟人多少都有怠惰性。雖然人可以在時光中嬉戲，卻必須對生命認真。因此要如何叮嚀，才不會讓學生覺得厭煩？**可以運用不同的方式來談人必須努力的道理，可以講故事，可以鼓勵，可以很自然的話家常**，當然也可以很嚴厲的責備，但祕訣就是不要讓學生有「又來了」的感覺。

後記

站在黑板前看著可愛的學生，有時也納悶究竟自己為何會站在這裡，雖然出身於教育世家中，但從小到大痛恨的職業就是教師了，卻在年近而立時離開了熟悉的廣告設計，投入國中教師的工作。

結果我一教書就遇上人人敬而遠之的「天下第一班」。這本書詳細記錄了我與這一班獨特又有趣的相處過程。有衝突，有歡笑，當然更有許多的感動。其實在回答許多關於教育問題的過程中，我深知自己並非是教育專家，無法提供絕對且正確的定律，不過我很希望藉由真實發生過的許多故事中，提供另一種的可能性……

國家圖書館預行編目資料

愛・上課／熱血教師阿倫著. -- 初版. -- 臺北市：寶瓶文化, 2008. 03
面； 公分. --（catcher ; 16）

ISBN 978-986-6745-22-5（平裝）
1. 師生關係 2. 學生生活 3. 中等教育
4. 通俗作品
524.7 97002403

catcher 016

愛・上課

作者／熱血教師阿倫
主編／張純玲

發行人／張寶琴
社長兼總編輯／朱亞君
主編／張純玲・簡伊玲
編輯／施怡年
美術主編／林慧雯
校對／張純玲・陳佩伶・余素維・阿倫
企劃副理／蘇靜玲
業務經理／盧金城
財務主任／歐素琪　業務助理／林裕翔
出版者／寶瓶文化事業有限公司
地址／台北市110信義區基隆路一段180號8樓
電話／(02) 27463955　傳真／(02) 27495072
郵政劃撥／19446403　寶瓶文化事業有限公司
印刷廠／世和印製企業有限公司
總經銷／大和書報圖書股份有限公司　電話／(02) 89902588
地址／台北縣五股工業區五工五路2號　傳真／(02) 22997900
E-mail／aquarius@udngroup.com

法律顧問／理律法律事務所陳長文律師、蔣大中律師
如有破損或裝訂錯誤，請寄回本公司更換
著作完成日期／二〇〇七年十二月
初版一刷日期／二〇〇八年三月十日
初版九刷日期／二〇〇九年十一月十二日
ISBN／978-986-6745-22-5
定價／二八〇元

AQUARIUS 寶瓶文化事業

愛書人卡

感謝您熱心的為我們填寫，
對您的意見，我們會認真的加以參考，
希望寶瓶文化推出的每一本書，都能得到您的肯定與永遠的支持。

系列：Catcher 016 **書名：愛・上課**

1. 姓名：＿＿＿＿＿＿＿＿ 性別：□男 □女
2. 生日：＿＿＿年＿＿＿月＿＿＿日
3. 教育程度：□大學以上 □大學 □專科 □高中、高職 □高中職以下
4. 職業：＿＿＿＿＿＿＿＿
5. 聯絡地址：＿＿＿＿＿＿＿＿＿＿＿＿＿＿＿＿

   聯絡電話：＿＿＿＿＿＿＿＿ 手機：＿＿＿＿＿＿＿＿
6. E-mail信箱：＿＿＿＿＿＿＿＿＿＿＿＿＿＿

   □同意 □不同意 免費獲得寶瓶文化叢書訊息
7. 購買日期：＿＿＿年＿＿＿月＿＿＿日
8. 您得知本書的管道：□報紙／雜誌 □電視／電台 □親友介紹 □逛書店 □網路 □傳單／海報 □廣告 □其他
9. 您在哪裡買到本書：□書店，店名＿＿＿＿＿＿ □劃撥 □現場活動 □贈書 □網路購書，網站名稱：＿＿＿＿＿＿ □其他＿＿＿＿＿＿
10. 對本書的建議：（請填代號 1. 滿意 2. 尚可 3. 再改進，請提供意見）

    內容：＿＿＿＿＿＿＿＿＿＿＿＿

    封面：＿＿＿＿＿＿＿＿＿＿＿＿

    編排：＿＿＿＿＿＿＿＿＿＿＿＿

    其他：＿＿＿＿＿＿＿＿＿＿＿＿

    綜合意見：＿＿＿＿＿＿＿＿＿＿＿＿＿＿＿＿
11. 希望我們未來出版哪一類的書籍：＿＿＿＿＿＿＿＿＿＿＿＿

讓文字與書寫的聲音大鳴大放

寶瓶文化事業有限公司

（請沿此虛線剪下）

廣告回函
北區郵政管理局登記
證北台字15345號
免貼郵票

寶瓶文化事業有限公司　收
110台北市信義區基隆路一段180號8樓
8F,180 KEELUNG RD.,SEC.1,
TAIPEI,(110)TAIWAN R.O.C.

（請沿虛線對折後寄回，謝謝）